Couvertures supérieure et inférieure
en couleur

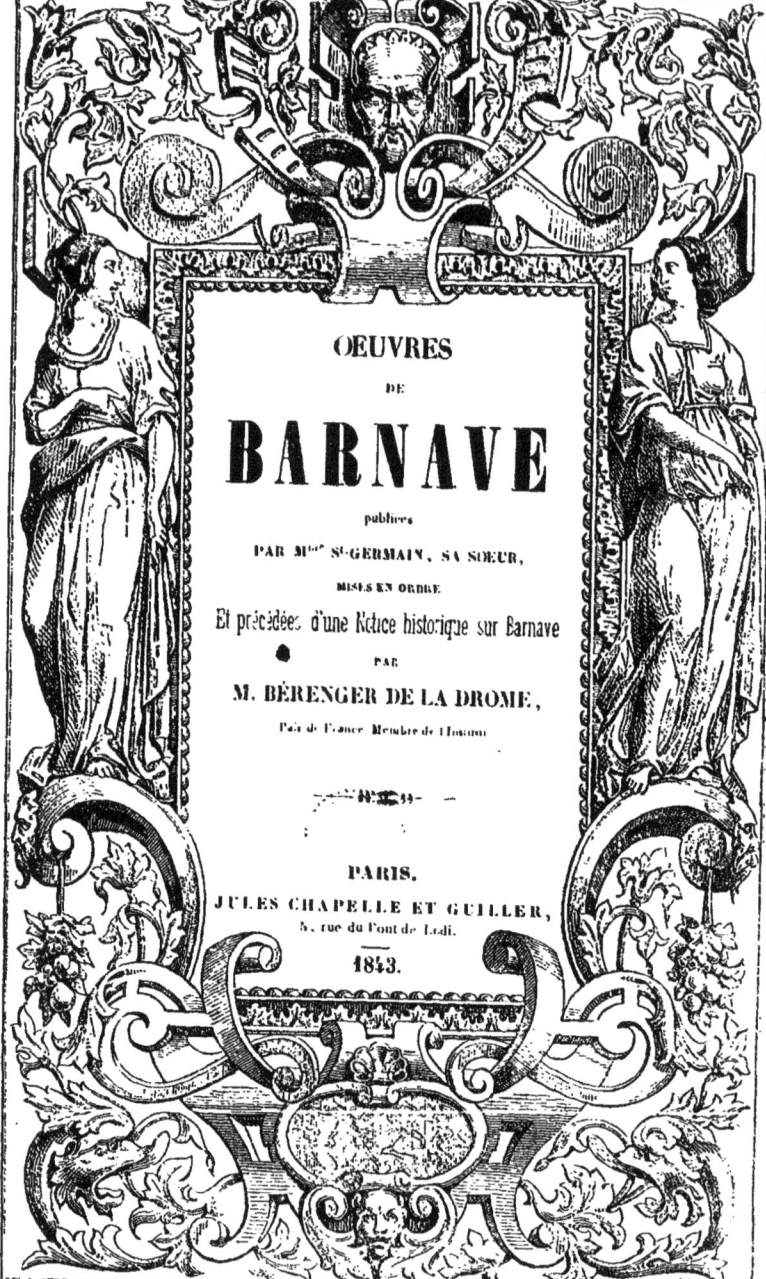

Ouvrages publiés par Jules Chapelle.

FÉLNIO,
ROMAN MARITIME INÉDIT,
PAR Éd. CORBIÈRE,
2 vol in-8. — 15 fr.

HISTOIRE
DE ROBERT SURCOUF,
CAPITAINE DE CORSAIRE,
PAR CH. CUNAT, ANCIEN OFFICIER DE LA MARINE ROYALE,
Illustrations par Morel Fatio et Radin.
1 vol. grand in-8. — 9 fr.

ŒUVRES DE LORD BYRON,
TRADUITES EN VERS FRANÇAIS,
PAR M. ORBY HUNTER.
Prix de chaque volume : 7 fr. 50 c.
L'ouvrage formera 7 volumes in-8°.

MÉMOIRES BIOGRAPHIQUES, LITTÉRAIRES ET POLITIQUES
DE MIRABEAU,
ÉCRITS PAR LUI-MÊME, PAR SON PÈRE, SON ONCLE ET SON FILS ADOPTIF.
8 vol. in-8., portraits et fac-simile. — 52 fr.

Les Épigrammes de Martial,
TRADUITES EN VERS FRANÇAIS,
PAR M. CONSTANT DUBOS,
Professeur émérite de Rhétorique au Collége royal de Louis-le-Grand,
Précédées
D'UN ESSAI SUR LA VIE ET LES OUVRAGES DE MARTIAL,
PAR M. JULES JANIN,
Un fort volume in-8 : Prix 7 fr. 50 c.

Imprimerie de Mme DE LACOMBE, rue d'Enghien, n. 12.

ОEUVRES

DE

BARNAVE.

IMPRIMERIE DE MADAME DE LACOMBE,
rue d'Enghien, 12.

ŒUVRES
DE
BARNAVE

MISES EN ORDRE

Et précédées d'une Notice historique sur Barnave

PAR

M. BÉRENGER DE LA DROME,

Pair de France, Membre de l'Institut.

3

JULES CHAPELLE ET GUILLER, ÉDITEURS,

5, RUE DU PONT DE LODI.

1843.

ÉTUDES SUR L'HOMME.

PREMIÈRE PARTIE.

De l'Homme moral.

CHAPITRE PREMIER.

Vues générales.

§ 1er.

Des sciences morales chez les anciens et les modernes.

Les philosophes anciens avaient traité la haute physique par pure théorie.

Mais de la science de la morale et de tout ce qui tient immédiatement à l'homme, comme la législation, ils avaient fait une science de fait, fondée sur l'expérience et l'observation ; ils semblaient ne pas croire que sur des choses qui tiennent de si près au bonheur, on pût s'en rapporter à des raisonnemens théoriques.

Les philosophes modernes ont suivi la marche opposée; ils ont éclairé la haute physique par les plus sûres méthodes de l'observation, de l'expérience et du calcul; mais quant à la science morale et politique, ils ont pensé que les généralités de la métaphysique étaient assez bonnes. Nous avons le contrat social à la place de toutes les idées positives des politiques Grecs, et les définitions d'Helvétius nous tiennent lieu des maximes de Socrate.

§ II.

Des erreurs des hommes et des peuples.

Il est rare que les hommes se trompent dans les notions qui sont le résultat d'une pratique et d'une observation journalières.

Mais il est rare qu'ils ne se trompent pas dans les théories qui sont l'ouvrage de l'imagination et du raisonnement.

Aussi rien n'est-il plus trompeur que leurs préjugés ou leurs opinions admises dans presque toutes les sciences sublimes dont leurs sages se sont occupés. Mais rien n'est plus généralement vrai que les préjugés ou les idées qu'ils se sont faites sur les détails de la vie, sur la morale, sur la connaissance pratique de l'homme.

gine, plus leurs grandes théories sont absurdes et leurs notions pratiques vraies; plus au contraire ils s'avancent dans la civilisation, plus leurs théories s'épurent et leurs notions pratiques se corrompent.

La philosophie des peuples neufs est la sagesse; Celle des peuples vieillis est la métaphysique. Chez les premiers la multitude a un instinct très exercé, et les sages n'y font presque autre chose que perfectionner cet instinct et le réduire en maximes. Chez ceux-ci, la multitude n'a plus qu'un instinct borné et dépravé, et les sages s'y occupent de sciences raisonnées qui n'ont presque rien de commun avec la pratique de la vie.

Il me semble que depuis les premiers philosophes et les poètes de la Grèce, la connaissance de l'homme moral a plutôt perdu que gagné. Peut-être que depuis Hyppocrate la médecine pratique n'a pas fait plus de progrès. Chose remarquable! les anciens ignoraient la circulation du sang, la plupart des notions chimiques, et, par les seules lumières de l'observation immédiate, ils avaient de meilleurs médecins que nous.

Mais s'ils nous ont égalés ou surpassés dans les sciences et les arts qui résultent de l'observation immédiate, du sentiment et de l'instinct, telles que la morale, la médecine, la poésie, et quelques-uns des beaux-arts, nous les avons de beau-

Plus les peuples sont neufs et près de leur origine surpassés dans ces arts compliqués et pour ainsi dire hors de la nature qui résultent de l'application des théories; tels que la navigation, la mécanique et toutes ses applications, la chimie, etc.

§ III.

De l'Instinct.

L'instinct est l'exécution rapide des opérations morales qui déterminent les actions spontanées.

§ IV.

De l'Instinct de la raison.

L'homme dans sa conduite a deux guides principaux.

Le premier peut s'appeler l'instinct; il résulte du naturel et de l'habitude, se décide par sentiment et non par réflexion, rend l'homme semblable à lui-même et lui imprime un caractère distinctif.

L'autre est le raisonnement; il résulte des réflexions et de la science, et guide l'homme d'après des principes.

Comme dans la plupart des hommes qui ont quelque instruction, ces deux mobiles concourent, chacun en général choisit d'après son instinct, parmi les principes divers que les connaissances et le temps ont jeté dans la société, ceux qui s'adaptent le mieux à ses dispositions et à ses goûts; il marche dans la grande voie sociale, mais il y choisit le sentier qui s'accorde le mieux avec son allure individuelle.

Ceux qui n'ont point d'instinct bien prononcé, ou dont l'instinct est pour le changement, varient pour l'ordinaire dans leurs principes ou du moins dans le caractère de leurs actions, car rarement la conviction de l'esprit est assez forte pour soustraire nos opinions aux variations de nos sentimens et de nos affections, et presque jamais pour y soustraire notre conduite.

La plupart ne voient de raisonnable que ce qui leur plaît; mais de ceux qui, entraînés à l'inconséquence par naturel, ont assez de raison pour la voir et de force pour l'éviter, à peine peut-on croire à leur existence. Il est des hommes en qui l'instinct domine, et lorsqu'il est bien prononcé, cela arrive presque toujours; il en est qui ont un instinct faible et une grande habitude du raisonnement. Cette habitude produit à son tour une sorte d'instinct; elle se crée des appuis factices qui viennent au secours de sa faiblesse.

Le meilleur guide que l'homme puisse avoir est certainement un instinct bien prononcé et dirigé vers le bien, alors la raison la plus commune suffit.

Mais plus l'instinct est faible et indécis, plus il devient nécessaire que la raison lui supplée, et c'est là que la tâche devient aussi difficile qu'importante.

On doit surtout considérer la nature afin de s'en servir, et de ne pas entreprendre imprudemment de la contrarier; il est plus facile de donner une grande intensité à certaines qualités dont le germe, quoique faible, existe en nous, que de nous imprimer la plus faible teinture de celle que repousse notre nature; il est peu de dispositions, même vicieuses, qui, dirigées et modifiées ne puissent produire quelque bien; en un mot, la raison fera un homme en achevant ce que la nature a commencé, elle ne fera tout au plus qu'un comédien en travaillant contre le vœu de la nature ou sans son aide; quelque forme apparente qu'elle donne à cette machine artificielle, le temps ou la première secousse rendront aux ressorts qu'elle aura forcés, leur véritable direction.

La raison s'emparera des dispositions naturelles pour en former la combinaison la plus heureuse, et elle déterminera celles qui doivent être fortifiées, celles dont il faut modifier la direction, car les dispositions de la nature sont comme le vent pour un vaisseau : on peut suivre sa route en modifiant l'impulsion d'un vent presque contraire, mais avec le calme plat, il n'a aucun moyen d'avancer.

La raison ayant fait son choix parmi les dispositions naturelles en formera un caractère, un tout homogène et systématisé; elle le soutiendra par les maximes, par l'habitude, par les situations, et s'il a été bien pris dans la nature, le temps, loin de l'user, le concentrera, et les épreuves choisies par la prudence, non assez fortes pour le détruire dans le principe, le fortifieront graduellement.

§ v.

De la recherche de la vérité.

Peu d'hommes suivent une marche éclairée dans la recherche de la vérité ; la plupart même, en parcourant une grande route, savent si peu comment et pourquoi ils croient ; tant d'hommes ont prononcé et ont créé avec assurance des inepties ; tant de grands esprits sont convenus de l'incertitude de la plupart des dogmes ; la singularité et les passions se sont tellement plues à multiplier les opinions diverses, que le grand nombre en est venu à croire que tout est incertain, dénué même de degrés de probabilité, que les voies pour arriver au vrai sont également trompeuses, et qu'il vaut autant croire à celui-ci qu'à celui-là. D'où les diverses opinions ont trouvé crédit auprès d'eux, non sur ce qu'elles offraient plus ou moins de crédibilité, mais plus ou moins de séduction.

§ VI.

Sur le même sujet.

L'esprit est aussi porté à la méfiance qu'à la présomption quand il cherche de bonne foi la vérité...

Mais qui est celui qui cherche la vérité?

Le désir de se distinguer fait raisonner et dogmatiser cet anathème paradoxal; dans le fond, on ignore ce qu'on croit, et on ne se soucie point de ce qu'on doit croire.

Celui-ci a été guindé et irrité par l'âcreté de la dispute; son amour-propre est à présent son seul raisonnement.

Cet autre, dans le fond, aime assez la vérité,

mais il voudrait la tenir tout entière dans son principe comme un oiseau dans la cage. Il voudrait que la vérité fût comme une grande fortune pressée dans un papier portatif. Il passe le jour dans une chambre close à caresser son principe à la lueur d'une petite lampe. Si vous lui faites mettre le nez à la fenêtre, vous le chagrinerez beaucoup, mais au bout d'un moment, il verra tout trouble; il refermera vite les volets, et viendra remettre ses esprits en caressant son principe favori à la lueur de sa petite lampe.

La méfiance de l'esprit mène à la vérité. Mais il faut qu'elle ne soit ni passion, ni faiblesse, il faut qu'elle soit soumise, comme tout ce qui est en nous sentiment, à la vigueur de la raison et du caractère.

§ VII.

Suite.

Quelques personnes adoptent les conseils et les lumières d'autrui sans examen, sans vérification, ni correction, ainsi elles en adoptent beaucoup de faux, d'irrelatifs.

Quelques autres mettent de la gloire à croire, à penser, à agir par elles-mêmes. Elles n'écoutent point les notions et les avis, elles affectent même de les contrarier, d'où il arrive qu'elles bornent leurs moyens et leurs connaissances, et qu'elles prennent de fausses routes pour éviter celles qu'on leur marque.

D'autres personnes écoutent les avis et notions, les sollicitent même ; puis elles les examinent, les épurent, les mettent à leur usage ; elles acquièrent par là 1° de nouvelles lumières sur les objets dont on leur parle ; 2° des lumières aussi sur les rapports des opinions aux caractères, etc. Ce moyen est le seul d'obtenir la vérité.

§ VIII.

Le droit et le fait.

C'est une fréquente source d'erreurs et de disputes parmi les hommes que de ne pas distinguer nettement le droit et le fait.

Le droit est ce qui résulte des lois positives ou des maximes de justice dérivées de la nature de l'homme et de son intérêt naturel et social.

Le fait, est ce que l'observation et l'expérience ont démontré exister effectivement, ou du moins dans le cours ordinaire des choses.

Les esprits observateurs donnent leur principale attention au fait; ils acquièrent une grande connaissance de la marche de la nature; dans leur travail pour le bonheur de l'homme, ils font abstraction de l'impossible, ils s'attachent à procurer à l'humanité, ou plutôt à la fraction dont ils s'occupent, le degré de perfection et le genre de félicité dont ils la jugent susceptible.

Les esprits spéculatifs ne s'occupent guère que du droit; ils condamnent tout ce qui n'est pas conforme aux idées de morale et de justice qu'ils se sont faites. Ils existent presque toujours, ou dans des illusions et des espérances chimériques, ou dans l'indignation de la réalité. Les premiers accusent ordinairement les autres d'ignorance, de faiblesse d'esprit, d'aveuglement puéril.

Ceux-ci à leur tour les accusent d'immoralité parce qu'ils prennent leurs assertions pour leurs maximes, et aussi de paradoxe, parce que, accoutumés à voir la nature dans leurs rêves, ils ne la reconnaissent plus quand on la leur montre comme elle est.

Des hommes qui se sont fait illusion abandonnent tout quand elle est dissipée, ils travaillent pour un bien chimérique qui s'évanouit; un bien réel ou possible est sans charme pour eux, ils tombent dans l'extrémité contraire, et cette humanité à laquelle ils destinaient le bonheur et la perfection des anges, voyant qu'elle ne peut s'élever au prix de leurs bienfaits, ils lui souhaitent toute espèce de honte et de maux.

Le défaut des esprits observateurs est aussi de tirer de trop dures conséquences des vices et de l'imperfection des hommes ; soit qu'exagérant ces choses, ils destinent à l'homme un traitement proportionné à l'idée trop vile et trop odieuse qu'ils s'en sont fait, soit qu'ils se résolvent seulement à le laisser aller comme il va; les uns sont parvenus par l'étude de la vérité à une sorte de misanthropie, les autres à l'insouciance; *Hobbes* fut dans la première classe, *Montaigne* n'était pas loin de la seconde.

Cependant la nature telle qu'elle est, est encore inépuisable en ressources et riche en perfectibilité; il faut seulement bien connaître ce qu'elle est, ce qu'elle peut être et par où elle y peut arriver. La science veut un esprit sagace et une tête froide ; l'art veut un caractère hardi, une âme ardente, une imagination féconde, éclairée par cette même intelligence qui a su découvrir la vérité. —Il faut savoir et vouloir. Malheureusement la nature a rarement uni ces choses, et un jugement calme et sain n'est pas ordinairement le partage d'une âme pleine de ressort.

Tout comme dans les sciences morales, on trouve des esprits spéculatifs ou observateurs qui s'occupent les uns du droit, et les autres du fait ;

dans les sciences physiques on trouve des hommes à théorie et des hommes à expériences qui cherchent, les uns à expliquer la nature et les autres à découvrir le système de la nature, en recueillant des faits.

§ IX.

Jalousie et réciprocité entre les hommes.

La nature a établi entre les hommes la jalousie et la réciprocité.

L'une les porte à s'opposer au bonheur des autres comme étant nuisible au leur.

L'autre les porte à le favoriser comme réagissant sur leur propre bonheur.

Suivant les diverses occurences de la vie, les hommes obéissent à l'une ou à l'autre, de même les nations considérées comme individus. Chacun par son caractère est plus disposé ou à la réciprocité, ou à la jalousie. Les écrivains philosophes, faiseurs de maximes, ont aussi, suivant leurs caractère ou leurs idées, favorisé dans leur doctrines, l'une ou l'autre de ces dispositions, et leurs préceptes ont tendu à diriger les hommes les uns dans un esprit de jalousie, les autres dans un esprit de réciprocité.

De là les deux systèmes de jalousie et de réciprocité en morale, en politique, en économie politique, en politique extérieure, même en agriculture.

La doctrine moderne, fondée principalement sur les écrits de la secte dite des économistes, a adopté dans toutes ses applications le système de réciprocité.

§ x.

Constitution morale de l'homme et de la femme.

Les affections des hommes sont plus en masse, plus simples, plus importantes; celles des femmes sont plus détaillées, plus frivoles, plus légitimes.

Quand vous êtes mobile, souple, exaltable, versatile, alors vous vous rapprochez de la femme. Une telle constitution conduit à la sensibilité, à la faiblesse, à la finesse, à la légèreté, à l'excitabilité, à l'imagination fine, inconstante, versatile.

L'imagination chez l'homme produit la force, la tête, l'âme, le cœur.

C'est de la mixtion des deux constitutions que se forment les hommes de génie.

Là où le cœur se montre, on pardonne bien plus aisément les erreurs de l'imagination.

Avec de la confiance, de l'encouragement, de bons traitemens, on fait toujours quelque chose des gens qui ont de l'âme.

Le désir de plaire, d'être approuvé, est un ressort précieux qu'il faut plier aux convenances, mais dont il faut conserver religieusement l'élasticité.

La crainte ne mène jamais à rien de beau, de parfait; elle n'est presque propre qu'à empêcher le mal visible. L'espérance est le grand mobile qui développe les facultés de l'homme.

§ XI.

De l'homme dans ses divers âges.

La curiosité, l'amour-propre, l'espérance, les rêves de l'imagination, occupent le premier âge de la vie.

Les illusions, le goût des découvertes; voilà les jouissances de vingt ans.

Les sensations du premier âge ne peuvent se reposer long-temps sur le même objet, la surprise les charme et les enivre, mais la curiosité les entraîne vers un autre objet; l'espérance les porte vers l'avenir.

Il est bien plus facile de subjuguer son ignorance que de fixer son goût.

Cet âge ne fait point jouir et n'a pas même les chaleurs soutenues des sensations qu'on lui suppose quelquefois; il ne savoure point, ses plaisirs sont gâtés par l'impatience.

C'est en approchant du milieu de la vie que l'homme qui a conservé et développé ses facultés, qui a appris à en diriger l'usage, qui unit à la force un certain calme ou plutôt cette ardeur soutenue et nuancée qui se prête à toutes les modifications du plaisir, qui sait connaître le prix de ce qu'il possède et les défauts de ce qu'il n'a pas, qui ne donne point aux privations une valeur qui détruit tout le charme des jouissances, c'est alors, dis-je, que l'homme peut savourer dans toute son étendue le charme de l'existence.

§ XII.

De la jeunesse.

Les organes de la jeunesse sont nouveaux et mobiles. Elle est très sensible; le rire, les larmes, les émotions fréquentes et vives sont le partage de l'enfance. Elles deviennent plus rares à proportion que les années s'accumulent; et l'homme formé n'est plus agité que par de puissantes émotions.

Les affections de la jeunesse sont brèves, la distraction l'entraîne; elle est d'ailleurs fatigable parce qu'elle est mobile et faible.

La jeunesse prévoit le bonheur, accoutumée qu'elle est à considérer dans l'avenir une progression croissante; elle projette parce que la portion de sa carrière qui lui reste à courir est la plus longue et la plus importante selon ses idées.

L'homme est porté à croire ce qu'il désire, il n'y a que l'expérience qui le désabuse; mais la jeunesse a des désirs vifs et l'expérience nulle.

La jeunesse sacrifie à la gloire, à l'estime, à l'attachement, parce que ces biens sont les plus flatteurs; l'âge avancé a l'ambition, parce que l'expérience montre le bonheur dans le pouvoir; il sacrifie à l'avarice, parce que la longue vie instruit à la méfiance.

La jeunesse est présomptueuse, parce qu'elle est belle, active, ignorante. De présomptueuse, elle devient insolente; elle poursuit la gloire, parce qu'elle croit l'atteindre; elle ose, parce qu'elle croit réussir.

Elle est inconstante, parce que tout objet a sur elle l'attrait puissant de la nouveauté; parce que, portée à prévoir le bien par présomption, ce qu'elle conçoit le mieux est toujours ce qu'elle estime le moins.

Elle est franche, parce qu'elle a plus de sensibilité que de prévoyance et de souvenir; parce qu'elle ignore l'art de dissimuler et qu'elle le méprise, amoureuse qu'elle est, pour l'ordinaire, de ce qui est noble, grand et glorieux.

Un grand inconvénient pour les jeunes gens dans la société, c'est que depuis leur maîtresse jusqu'à leurs marchands, tous ceux qui traitent avec eux, se croient obligés d'honneur à les tromper.

La jeunesse active et sensible, qui ne peut prendre son essor dans les passions et la gaîté, trouve une issue dans l'affectation et s'y verse sans mesure.

§ XIII.

Des enfans.

On donne des conseils aux enfans et on ne cherche guère à en tirer des lumières; cependant, presque tout ce qu'on veut leur apprendre les saisit, et les enfans bien organisés sont excellents dialecticiens

Pour bien élever l'esprit des enfans, il s'agit de faire devant eux les raisonnemens dont ils seraient capables.

Je voudrais qu'on apprît aux enfans à bien observer et bien raisonner, et qu'on ne leur donnât des connaissances fondées sur l'autorité qu'à mesure qu'ils pourraient comprendre comment elles ont été découvertes et certifiées.

C'est ainsi qu'ils auront une force de juger, et qu'ils donneront à leurs opinions le juste degré de fermeté, parce qu'ils sauront d'où elles viennent, et qu'ils ne ressemblent pas à la multitude qui croit ce que souvent elle n'entend pas, sans mesure, sans fondement et sans preuve, ne sachant jamais si elle doit cesser ou continuer de croire, et le pourquoi de l'un ou de l'autre.

§ XIV.

Maximes puisées dans la connaissance de l'homme.

I.

Le vieillard raide et lent par constitution estime qu'on ne peut bien faire les choses qu'avec lenteur.

II.

L'accueil des gens du monde se mesure presque toujours sur ce que notre liaison a de plus ou moins flatteur pour leur société.

III.

Le désir de paraître fin, fait perdre le fruit de la finesse.

IV.

La dissimulation, la méfiance et la curiosité, se tournent souvent contre celui qui les emploie, lorsqu'elles sont pénétrées.

V.

Les hommes vous paraîtront presque toujours avoir de l'esprit, en raison de ce que vous paraîtrez leur en trouver.

VI.

Les hommes deviennent nos prôneurs dès qu'ils nous croient leurs admirateurs.

VII.

Une faute impardonnable doit toujours être niée.

VIII.

Les hommes étant incontestablement les êtres qui influent le plus sur notre bonheur, la science qui nous instruit du mécanisme de leur être, des ressorts de leurs actions et celle qui nous apprend à les mettre en jeu pour les faire tendre à nos fins, sont d'une importance incontestable.

IX.

L'union de l'assurance à une politesse proportionnée, concilie la bienveillance et la considération du grand nombre.

X.

La timidité fait présumer à quelques-uns et dans certains cas, la modestie; mais au grand nombre, et le plus souvent, elle paraît un signe de nouveauté, d'ignorance, de défaut d'idées et d'une certaine inertie de caractère qui sied mal à la jeunesse.

XI.

La docilité est la qualité qui concilie le plus aux jeunes gens la bienveillance et l'estime des vieillards.

XII.

Un sot qui juge sur parole, prend les choses pour ce qu'on les donne, et la modestie est dupe avec lui.

XIII.

L'idée que les hommes prennent de notre mérite et surtout de notre esprit, se mesure à peu près sur la plus ou moins haute opinion que nous paraissons avoir d'eux-mêmes.

XIV.

C'est en paraissant de l'avis des hommes, que l'on passe auprès d'eux pour connaisseur.

XV.

Celui qui présente le moins de prétentions, est aussi celui dont la vanité craint le moins de faire l'éloge.

XVI.

Comme dans le monde, le grand nombre prétend à l'esprit, l'effet d'une grande réputation d'esprit est que le grand nombre veut paraître vous goûter, vous plaire, fait parade avec vous d'intimité et recherche votre société par air.

XVII.

Il est peu de personnages dont il ne soit plus ou moins utile de se concilier l'attachement.

XVIII.

Lorsqu'on veut faire mouvoir les hommes par des motifs honteux, il est ordinairement utile de leur en fournir d'estimables dont ils puissent feindre de suivre l'impulsion.

XIX.

Les hommes, dont nous connaissons à leur jeu la turpitude, sont intéressés à en infirmer, à en éloigner ou à en détruire le témoin. Quelquefois, et lorsque ce parti offre trop de difficultés, ils cherchent à se l'attacher, et il est alors facile de tout en obtenir si surtout on paraît ignorer le vil motif qui les fait agir.

XX.

Comme le grand nombre craint d'être pénétré trop profondément, il s'éloigne des observateurs.

On dissimule avec soin devant eux, d'où il résulte que pour observer avec succès, il faut cacher qu'on observe.

XXI.

Comme les actions spontanées que nous exécutons sont toujours celles que nous jugeons les plus utiles, le bonheur que nous rapportera notre conduite sera d'autant plus grand, que nous aurons des idées plus justes des degrés d'utilité de nos actions spontanées, et la justesse de ces lumières étant l'effet des connaissances que nous avons de la vérité, prouve que, si cette connaissance a des inconvéniens, elle a aussi de grands avantages.

XXII.

Les inférieurs qui ont souvent éprouvé notre colère, cessent d'y être sensibles et n'agissent plus pour l'éviter.

Cependant, il est des êtres craintifs, doués sur cela d'une intarrissable sensibilité et qui font d'autant plus pour la prévenir qu'ils savent qu'elle est plus facile à émouvoir.

XXIII.

Les hommes se déterminent d'autant plus aisément à l'obéissance que, tout égal d'ailleurs, il en résulte moins d'humiliation à leurs propres yeux et à ceux des autres.

XXIV.

En offrant des récompenses à nos subordonnés pour les faire agir, et si l'attente du bienfait les détermine dans le cas présent, ils se dispenseront d'obéir lorsqu'on exigera d'eux les mêmes choses comme une suite de leurs engagemens.

XXV.

L'originalité de manières, de conduite, de systèmes, lorsqu'elle n'est pas affectée, est le signe d'un esprit libre de préjugés, jugeant d'après son propre examen et qui n'est pas ordinairement sans présomption.

XXVI.

Les hommes ne tentent l'acquisition d'un bien, que lorsqu'ils jugent que ceux qu'ils seront obligés de lui sacrifier sont moindres. Ils ne font nuls sacrifices à l'acquisition d'un bien qu'ils jugent impossible. Mine abondante d'inductions politiques !

XXVII.

Nous veillons d'autant plus soigneusement sur la conservation d'un bien, qu'il nous paraît plus possible qu'on nous l'enlève.

XXVIII.

L'attention que nous portons à la conservation d'un bien est en raison du prix que nous y mettons et des dangers qui nous paraissent le menacer.

XXIX.

Il est des hommes en qui l'amour d'une réputation de crédit et d'importance est une passion active et même utile ; ces gens obligent pour paraître avoir de l'influence.

XXX.

L'esprit conçoit l'habitude d'associer certaines idées, ou plutôt l'opinion se livre à certains jugemens, qui, une fois posés, établis, répétés, acquièrent une grande confiance et deviennent des préjugés presque indestructibles ; de sorte qu'ils subsistent encore, lors même que les circonstances les ont rendus très faux, en changeant les rapports et les modifications des êtres.

XXXI.

On doit présumer plus facilement le mensonge que la dissimulation chez le bavard, et la dissimulation que le mensonge chez le silencieux.

XXXII.

L'homme à prétention observe peu et voit mal, parce qu'il est distrait par son attention sur lui-même; il ne voit dans les autres que ce qui est relatif à lui, le juge mal, et y rapporte ce qui y est étranger, abusé qu'il est, par ses désirs et par ses préjugés sur lui-même.

XXXIII.

Les hommes susceptibles d'affections peu vives, peu absorbantes, sont à cet égard plus réfléchis, plus observateurs, meilleurs juges, plus capables de dissimulation, de ruse et d'adresse, de plans secrets, et biens tissus, de trames prolongées, de projets savamment combinés, et sourdement conduits, etc. Tel est le vieillard, tel est l'homme du monde, blasés, l'un par le temps, l'autre par l'usage.

XXXIV.

Nous sommes portés à juger les autres en mal parce que notre vanité le désire. Le même penchant nous engage à la critique.

CHAPITRE II.

Facultés de l'Ame et de l'Esprit.

§ 1ᵉʳ.

De la raison.

Quelques esprits bornés, qui se prétendent en possession d'être les seuls raisonnables, parce qu'ils sont incapables d'être rien de plus, ont donné une si mauvaise réputation à la raison, que presque tous les gens d'esprit ne s'en soucient plus; ils la fuient comme l'écueil le plus dangereux du génie, de l'amabilité, du plaisir. Ils ont tort, la raison est le don de tout apprécier, d'attribuer à chaque chose sa valeur, sa place, son utilité, d'après la nature, et non d'après les idées rétrécies des êtres qui s'en prétendent les possesseurs exclusifs. Loin que l'esprit et l'imagination nuisent à la raison, ils la servent en lui offrant un plus grand nombre de motifs pour se déterminer, en l'aidant et l'éclairant de mille découvertes nouvelles sur le caractère des hommes, sur la clé de leurs cœurs, sur les mœurs des sociétés où l'on est placé. La raison pourrait s'appeler l'art de bien choisir; si elle sent qu'on pèse tout à son tribunal, elle défend quelquefois qu'on le fasse paraître, et suivant les circonstances, elle commande d'avoir l'air déraisonnable. La raison ne nous dit point : soyez tranquilles, modérés, frugals, économes; elle nous dit : soyez ce que la probité, vos goûts, la société, les circonstances, vous prescrivent d'être. Elle ordonne à l'un d'être modeste et tranquille, à l'autre d'être ambitieux, actif; mais elle veut qu'il suive les méthodes les plus sûres les plus promptes, les plus propres à parvenir; elle les lui indique, elle les combine sur ses facultés, sur ses qualités, sur les circonstances; elle ordonne tour à tour la patience, la fermeté, l'adresse, la hardiesse, l'activité.

§ II.

De l'attention.

L'attention, dit Helvétius, est un mycroscope continuellement dirigé sur un objet; elle le grossit, elle en découvre les plus minces filamens, les aboutissemens, les influences. Bientôt cet objet est à nos yeux toute la nature, et sans considérer combien elle est mixte et composée en ses opérations, en ses effets, en ses causes, nous la bornons à cet élément que nous avons partout observé.

Le médecin place dans la santé tous les biens de ce monde. Le négociant dans la fortune, le courtisan dans les honneurs.

Helvétius ne voit dans l'homme que les effets de l'éducation.

Le désir naturel à l'homme de simplifier ses connaissances et ses travaux l'entraîne sans cesse dans des erreurs du même genre.

Mais à mesure que l'homme se rapproche de la pratique, il est obligé de renoncer à ses opinions simplifiées et systématiques ; l'instinct, le besoin, l'expérience, le ramènent à traiter avec la nature comme elle est, et si sa conduite est conséquente à ses principes, c'est elle souvent qui a raison.

Les principes les plus abstraits fournissent les conséquences les plus étendues, mais les moins sûres, les plus partielles.

Plus le sujet de la proposition est abstrait, plus le mode qu'il représente est généralement répandu ; mais moins aussi ses liaisons sont concluantes.

§ III.

Des fautes d'attention.

Certaines gens sont à l'affût d'une faute d'attention. A peine vous est-elle échappée, que sans vouloir entendre la correction que vous vous empressez d'y mettre, ils s'en emparent et vous en battent avec opiniâtreté. Est-elle injurieuse, ils s'en offensent ; est-elle absurde, ils en concluent une absurdité générale pour toutes vos assertions. En vain prétendriez-vous en revenir, fiers d'avoir obtenu cet avantage, ils se livrent à un babil exalté, et ne vous écoutent plus, crainte d'être obligés de renoncer à leur découverte.

§ IV.

De la méditation.

Il faut beaucoup d'heures de retraite pour faire valoir celles qu'on passe au milieu des hommes.

L'imagination et l'esprit sont les agens de la conversation, mais ils ne peuvent se passer de cette nourriture que la lecture, l'observation et la méditation donnent seules.

§ V.

De la force d'âme.

Nous appelons courage, force d'âme, l'acte ou l'habitude de résister à certaines attaques, surtout à celles de la douleur, du malheur, du danger. Leur résister, c'est ne pas faire ce qu'ordinairement elles font faire, comme fuir, pleurer, supplier, pousser des cris, etc.

Mais quelles sont les dispositions qui nous portent à agir ainsi ? Elles doivent être différentes dans les diverses circonstances, et, dans des circonstances pareilles, il se peut aussi que des dispositions diverses rendent à peu près le même effet.

§ VI.

De ceux qui découragent les grandes âmes.

Détestables sont les gens qui ne mettent aucune importance aux choses de sentiment, d'âme et d'émulation, qui découragent et dégoûtent le zèle. Ah ! il y aurait de grands talens s'il y avait des juges pour les apprécier, des âmes pour les

reconnaître, des hommes bons pour s'y intéresser !
Il est assez d'hommes qui naissent avec la passion du bien, avec celle de l'approbation, mais on leur apprend bientôt à les cacher comme une honte, comme un péril; ils s'avilissent par l'amorce de la gloire même, et n'étant jamais dans le milieu qu'ils adoptent, entre la nature et les circonstances, ni assez petits pour les autres, ni assez grands pour eux-mêmes, ils vivent malheureux; ils passent leur vie déplacés, déformés, éthérogènes à eux-mêmes.

§ VII.

De la réaction morale.

Il est des mouvemens dans l'homme qui sont l'effet de l'impulsion ou de l'attraction directes, il en est qui sont l'effet d'une sorte de réaction qui les pousse en sens contraire de celui où ces causes naturelles devraient les diriger.

Ainsi la peur dispose l'homme à fléchir ou à céder; mais la crainte de paraître céder à la peur ou l'indignation d'en avoir été cru capable, le rend plus téméraire ou plus violent qu'il n'eût été avant les mesures prises pour l'effrayer, voilà un mouvement de réaction.

La condamnation d'un accusé doit mettre sa personne ou sa mémoire en horreur, mais le cœur peut en concevoir de la pitié, et loin de le haïr en proportion de la conviction présumée de son crime, lui devenir plus favorable; voilà la réaction!

Que la puissance défende avec vigueur les droits qu'on lui conteste, et les cède alors qu'ils lui sont reconnus, voilà la réaction.

Que Zamore ait refusé de se convertir à la vue du supplice, et cède à la générosité de son ennemi, voilà la réaction!

Que la persécution d'un homme ou d'une secte apitoie le peuple pour elle, l'indigne contre le pouvoir, et multiplie les partisans de l'homme ou des opinions; voilà la réaction.!

Comme les mouvemens de réaction supposent en général de la générosité et du désintéressement, ou du moins l'oubli de l'intérêt le plus direct et le plus prochain, ils n'occupent pas une bien grande place dans l'histoire du cœur humain; on s'y attend presque toujours trop, et lorsque, ayant soi-même une âme élastique et nerveuse, on spécule et on cherche à prévoir quelle sera la conduite des hommes, il arrive presque toujours qu'on a trop compté sur ces mouvemens de leur part, et l'événement dément tous les calculs qu'on avait fondés sur une cause aussi romanesque.

Ces mouvemens existent, il est vrai, dans le cœur, mais rarement ils acquièrent assez d'énergie pour devenir cause dans les grands événemens.

§ VIII.

Suite.

La réaction est utile, mais il ne faut pas la pousser trop loin et faire rompre ou fléchir le ressort. En profiter à point, voilà le grand art.

Beaucoup de petites réactions qui réussissent peuvent donner au ressort assez de force pour en soutenir avec succès une grande.

D'une chose qui ne peut pas entraîner un grand mal, il vaut mieux pour l'ordinaire en guérir par satiété que par privation. Ce remède étant en général plus sûr et plus radical.

Mais il y a des choses où ce qui pourrait produire satiété entraîne des maux immenses, irréparables, et alors c'est presque périr que de guérir trop tard.

§ IX.

Des émotions morales.

I.

La source des émotions morales est aussi précieuse que le flambeau de la vie.

Elle est la vie de l'âme sans laquelle l'homme est aussi malheureux que méprisable.

Il faut que celui qui renonce à ces premiers principes de son âme devienne insensible aux émotions morales ou que ces émotions se changent en angoisses pour lui.

Les jouissances de la tête sont froides et laborieuses.

C'est le sentiment, c'est l'estime de soi-même et l'amour de l'homme qui font couler des larmes délicieuses.

II.

Le besoin des fortes émotions nous dégoûte des fines et délicates et nous les fait enjamber avec impatience et dédain.

L'émotion blase la sensibilité et devient à chaque retour plus faible.

§ X.

De l'esprit philosophique.

Je crois qu'on doit entendre par esprit philosophique cette espèce d'esprit qui dégagé des préjugés vulgaires, fouille la nature, observe lui-même, juge d'après ses sens et sa raison, voit les choses telles qu'elles sont réellement.

C'est une question, s'il est utile que l'esprit philosophique se répande; il est très vraisemblable qu'il saperait ou qu'il affaiblirait des passions qui, pour être appuyées sur des erreurs, n'en sont pas moins utiles à la société.

L'esprit philosophique, par excellence, est toujours le même; mais l'esprit philosophique d'un siècle peut ne plus l'être dans un autre. Voltaire, regardé comme philosophe il y a trente ans, ne serait aujourd'hui qu'un homme à préjugés.

Un esprit est d'autant plus philosophique qu'il démasque plus d'erreurs et découvre plus de vérités. Car la philosophie n'est que la recherche de la vérité par les lumières de la raison. Elle cherche des vérités comme l'histoire raconte des faits, comme la musique assemble des sons, comme la poésie combine des sons et des idées.

§ XI.

De la saine et de la demi-philosophie.

La saine philosophie soutient encore l'honnêteté publique et peut jusqu'à un certain point la ranimer, lorsque les causes de préjugés, de gouvernement, de tempérament, etc., ne subsistent plus, et c'est ainsi que nous sommes peut-être moins avilis que les Grecs ne le furent au temps des sophistes. Car parmi tous les écarts de ce siècle, nous avons dans la société quelques Épicures et quelques Socrates qui, sans tenir école publique, influent cependant sur les jugemens, les opinions et la marche de la multitude.

La demi-philosophie travaille la hache à la main sur ce qu'elle appelle les préjugés, elle détruit tout. La philosophie vient ensuite : elle sourit, elle s'indigne, et son premier soin est de relever la plupart des anciennes institutions que sa devancière aurait abattues.

§ XII.

De l'esprit philosophique et de l'esprit poétique.

L'esprit philosophique cherche le vrai, l'esprit poétique s'élève et nous entraîne dans toutes les illusions de l'imagination et du sentiment.

Il est absurde de soumettre aux mêmes lois la marche de l'un et celle de l'autre.

Le merveilleux peut nous émouvoir et nous plaire, mais ici comme ailleurs, il faudrait secouer les abus de la poétique, les chaînes de la mythologie, bien servile imitation.

Le langage pensé et raisonné, si opposé, pour l'ordinaire, au naturel, au senti, au rapide des passions, leur est moins étranger en un temps comme celui-ci où l'habitude l'a en quelque sorte naturalisé.

Dans ce qui est métaphysique, voyez l'instabilité des opinions sur les choses les plus susceptibles de conviction!

La foule croit sur autorité, par air.

D'autres, enthousiastes, passionnés, se laissent aller à ce qui ébranle l'imagination et le cœur.

Il est des hommes qui voient tout nébuleux, mystique; s se plaisent dans une obscurité, dans un ndéfini, où leur enthousiasme et leurs émotions s'égarent librement; ils vivent en changeant de chimère, comme l'enfant brise tour à tour es joujoux qui se succèdent dans ses mains inquiètes.

Voyez dans les questions abstraites, compliquées, profondes, les misérables raisons qui meuvent la foule inattentive et superficielle!

Peu croient d'après les saines raisons de croire,

et tous ceux qui les ont senties n'y sont pas même irrévocablement attachés.

Placé entre moi-même et des livres philosophiques que je corrigeais, j'ai cru mon siècle grandement versé dans la saine métaphysique, l'expérience m'a détrompé.

L'expérience m'a montré la foule superficielle, dissipée, incapable d'une attention forte et craignant tout ce qui y conduit. Elle m'a montré un assez grand nombre de gens plus ou moins attachés, avec des succès divers, à tout ce qui est positif et palpable dans les sciences et dans les arts.

Des bavards répétant quelques phrases métaphysiques, triviales, vaines.

Des enthousiastes divaguant parmi des aperçus et des rêves, incapables de lier, d'asseoir, d'épurer leurs idées.

Un petit nombre de têtes analytiques, mais dont la plupart sont légèrement nourries de faits, et donnent trop de créance et d'importance aux productions d'un talent dont ils abusent.

Cependant on raisonne, on pense didactiquement plus qu'on n'avait jamais fait; mais il est en France très peu de têtes capables d'atteindre à certains objets.

Et même sur la plupart des objets qui sont particulièrement soumis au raisonnement, le caractère de ce siècle est bien plutôt de nager sans opinion fixe et sans confiance aux autorités, que de fonder raisonnablement sa croyance.

§ XIII.

Des idées spéculatives.

Les spéculations ennuient bientôt si l'exécution ne nous y fixe et si le succès ne les couronne.

Faute d'exécution ou de succès, une multitude d'idées heureuses s'abandonnent, s'oublient, se méprisent, se calomnient. — Que leur manquait-il pour être une grande vue? — Une petite chose qui fît obstacle à l'exécution.

Le torrent des sottises nous environne et nous entraîne. — Tant de mauvais exemples, tant d'éloges donnés à des choses misérables, tant d'opinions fausses, tant de dédains pour l'aurore des idées grandes et bonnes nous étourdissent et nous circonviennent, que nous nous remplissons malgré nous-mêmes d'inepties, et que les bonnes pensées qui nous viennent sont étouffées, oubliées, insultées comme l'honnête homme sous un habit étranger et pauvre.

Combien de pensées, qui étaient à moi, que j'abandonnai par imitation ou par faiblesse ! — Et je les vois briller aujourd'hui sous les livrées de l'homme à caractère à qui je les ai apprises et qui eut par-dessus moi le courage de les soutenir.

Il n'est cependant qu'une voie pour être grand, heureux et considéré, c'est d'avoir une pensée à soi, et un caractère pour la faire triompher.

§ XIV.

Des esprits spéculatifs.

Celui qui spécule imaginairement n'est, en sagesse, qu'un rêveur, détaché du réel pour l'idéal.

Mais lorsqu'une spéculation est hardie, grande, originale, quand elle est fondée sur l'instruction et la sécurité de l'esprit, elle est la marche du génie et la route des grandes choses.

§ XV.

Du scepticisme.

Nos doutes, nos incertitudes, viennent plus de notre savoir que de notre ignorance, de notre jugement que de notre ineptie.

L'esprit nourri, solide, pratique, juge les relations, les probabilités, les préférences, il se détermine et agit; mais il n'y a guère que l'ignorance, l'enthousiasme et le caractère de proprement dogmatiques.

La subtilité a son scepticisme.

La demi-philosophie a également son scepticisme qui procède d'orgueil, d'inexpérience, de superficie.

La bêtise même a son scepticisme d'orgueil, enté sur le calus de l'esprit, des sens et du cœur.

La solide philosophie est rarement entièrement sceptique, rarement décidément dogmatique.

§ XVI.

Suite.

L'expérience et la saine logique sont aussi loin du scepticisme absolu que de la crédulité vulgaire.

Beaucoup de gens pour arriver au milieu parcourent les deux extrêmes, à savoir 1° la confiance et 2° le scepticisme.

L'expérience détruit beaucoup d'incertitudes qui n'étaient fondées que sur les subtilités du raisonnement.

Rien n'est plus favorable au scepticisme qu'une dissertation analysée et subtilisée. Là où l'on soutiendra des thèses sans fin, où l'on imprimera des in-folio de raisonnemens, sans terminer, un esprit solide, en peu de momens, verra, pèsera et jugera.

§ XVII.

De l'exclusif.

Je donne ce nom au caractère de certains philosophes qui, n'apercevant dans l'objet qu'ils traitent qu'un point de vue et qu'un seul côté, prescrivent avec le ton du mépris ce que leur a caché la borne resserrée de leur faible imagination.

Ce siècle-ci en fourmille, parce que la présomption y règne, que nos penseurs veulent tout saisir dès le premier aperçu, et qu'ils n'ont ni la modestie de douter de l'intégrité de leurs notions, ni la patience et la force de se livrer long-temps au même examen.

La nécessité de renverser des erreurs a fait croire que la philosophie se bornait là; celui qui détruisait le plus était le plus grand; aussi l'ambitieux philosophe, la hache à la main, détruisait sans discuter, et frappait les yeux fermés.

L'exclusion flatte l'amour-propre, la présomption croit volontiers que rien n'existe par de là; ce qu'elle aperçoit et l'ennui des longs travaux, persuadent aisément à la paresse qu'il n'en reste plus à faire.

Des philosophes, après avoir saisi une analogie étendue, croient avoir décrit tous les êtres, parce qu'ils ont présenté une de leurs modifications.

Rousseau veut que son élève soit garanti des douleurs, mais il lui refuse les plaisirs.

Helvétius exclut la constitution de la combinaison des sources du caractère, et Condillac exclut la synthèse, alors même qu'il l'emploie.

O puissant amour de la gloire! ô désir irrésistible de créer! douceur ineffable de fouler avec dédain les production de nos rivaux! Superbe et voluptueux orgueil d'embrasser la nature entière par une projection rapide du regard, combien vous retardez la marche des connaissances! Ainsi, nous ne découvrons point une face de la vérité que nous ne nous efforcions d'en voiler une autre, de crainte qu'elles ne rivalisent.

Pourquoi l'amateur des sciences exactes exclut-il avec mépris les connaissances des langues et les productions de l'imagination? ce n'est pas seulement parce qu'il est peu sensible à leurs charmes, mais parce qu'il ne les sait pas, et qu'il veut paraître posséder tout ce qui est essentiel.

Les généralisateurs sont exclusifs, car poser

règle pour générale, c'est contester l'existence de tout ce qui ne s'y rapporte pas, c'est exclure. M. l'abbé de Condillac, en affirmant que la liaison des idées comprend ou entraîne toutes les vertus du discours, exclut celles de ces modifications qui ne se lient point nécessairement à celle-là.

§ XVIII.

Du caractère.

I.

Ce mot dérivé du latin, et employé depuis longtemps dans notre langue, il a reçu une nouvelle signification dans ces derniers temps. On commence à le prendre pour énergie, vigueur, force d'âme, et on dit dans ce sens : avoir du caractère; cette expression, encore peu admise, me paraît reléguée jusqu'à présent dans le vocabulaire précieux.

Quant aux analogies qui ont valu cette nouvelle signification au mot caractère, je pense qu'elles consistent en ce que cara e, signifiant la combinaison des passions propres à chaque individu, on a donné le même nom à cette combinaison de passions isolée, indépendante, c'est-à-dire guidant par son impulsion la conduite de celui qui la renferme, sans que la résistance, les conseils et les représentations étrangères puissent en arrêter l'effet.

Avoir du caractère a voulu dire être conduit par une impulsion propre, assez forte pour n'être pas arrêtée par l'influence de l'action des autres sur nous.

Au reste, je ferai observer que celui qui agit d'après les suggestions des autres, n'agit pas moins dans le vrai par l'impulsion de ses propres passions et que toute la différence qui s'y trouve, c'est que ces passions ne sont pas les mêmes que dans celui sur qui ces suggestions sont impuissantes, et qu'ainsi, dans l'un et l'autre, les actions spontanées sont toujours l'effet nécessaire du caractère combiné avec les circonstances.

II.

Il n'y a guère que le caractère qui puisse fixer les principes et les vues d'action. L'homme sans caractère, c'est-à-dire, sans passions fixes et déterminées, divague dans sa marche, et ses projets au gré des exemples, des circonstances et des diverses données qui varient ses points de vue et ses spéculations, tant en ce genre les raisons de décider sont douteuses, quand le cœur ne les consacre pas,

III.

Une certaine élévation et une certaine force sont bien plus rares que l'honnêteté.

Les actions ne sont rien, les caractères sont tout. — J'aimerais mieux pardonner dix mauvaises actions qu'une mauvaise qualité.

La sévérité doit être en raison de l'intérêt qu'on prend aux personnes, de l'importance qu'on met aux liaisons.

Les gens sans caractère trouvent sans cesse qu'on met de l'intérêt à de petites choses, et les gens inquiets y en mettent toujours.

Le caractère mesure les importances sainement, c'est-à-dire sur les rapports, non sur la grosseur de l'apparence.

Le grand fait apprécier le petit; et l'esprit comme le caractère se fortifient et s'élèvent en maniant des choses grandes, solides et nourries.

IV.

Les esprits, les caractères les plus projectibles sont aussi assez ordinairement les plus faibles.

Le défaut de caractère, de jugement, de sentiment, surcharge leur conduite de folies, de faiblesses, de légèretés, de petitesses.

Caractère d'esprit, caractère de sentiment, caractère de conduite : la plus rare des qualités, c'est toujours le caractère.

Le méchant a plus de caractère que l'homme de bien, soit parce que le caractère l'a fait méchant, soit parce que le commencement de sa carrière force le reste.

Le Français manque de caractère par mobilité, — l'Allemand par mollesse.

L'Anglais a du caractère par mélancolie et par des causes morales.

L'Espagnol est le peuple de l'Europe qui a le plus de caractère.

L'Italien est naturellement plein de caractère, mais chez lui les causes morales dépravent tout.

Le caractère vient plus de la tête que du cœur, de l'âme que du sentiment; il est étranger et presque contraire aux dernières de ces qualités.

V.

Ce ne sont ni les grands esprits, ni les grands caractères qui ne montrent point de faiblesses.

La paresse, l'abandon, l'insouciance, la hardiesse, qui signalent l'habitude des grands caractères, les livrent à une multitude de petites faiblesses.

Mais le caractère, l'esprit et le cœur empêchent

qu'elles ne soient odieuses ou viles, qu'elles ne résistent à ce qui est important et bon.

Ces faiblesses les délassent, les rendent sociaux et les font aimer; elles font non seulement un clair-obscur à leurs grands traits, mais elles leur donnent quelque chose de vrai et de senti.

Les petits caractères ont une attache et une habitude aux petites choses qui, quelle que soit l'étendue de leur esprit et de leur conception, les domine habituellement et leur fait manquer le grand,

Dans leur éloquence;

Dans leurs manières;

Dans l'habitude de leur conduite.

Il en est que l'esprit domine jusqu'à les faire penser, sentir, parler, mais non jusqu'à les faire agir, — je veux dire sans hypocrisie.

En général, on modifiera plus facilement la nature, la conduite et le caractère, par les situations et les habitudes, que par la pensée.

La force et la hardiesse de l'esprit ne mènent qu'à l'erreur si l'instruction et la sagesse ne les accompagnent.

Mais une flexibilité de faiblesse, de méfiance, d'inquiétude, en un mot, la timidité inquiète du caractère portée dans l'esprit, est le pire de ses défauts, il en étouffe, il en captive, il en tourne au mal toutes les facultés.

VI.

Une chose de caractère vous donnera plus de consistance que dix choses d'esprit.

Il est indispensable dans la société d'avoir non seulement du caractère pour le fond des choses, mais encore du tact.

Le talent de concilier partout la convenance et la liberté, c'est le chef-d'œuvre de l'art et de l'expérience.

Si vous voulez devenir un homme, arriver à l'importance et à la considération, distinguez soigneusement le caractère de l'exaltation. Et Dieu me garde de refuser à l'homme de génie ce levier puissant de l'imagination et de l'enthousiasme; mais dans l'agréable et dans l'utile, dans la fiction et dans la vérité, il porte au vain, au frivole, au faux, si la raison, le goût et le caractère ne le dominent.

VII.

L'enseigne de la considération, c'est le caractère.

§ XIX.

De l'intelligence.

L'intelligence est la faculté de concevoir, c'est-à-dire cette modification des êtres animés qui fait qu'ils ont la conscience des mouvemens qui s'opèrent dans leur organisation sensible.

L'intelligence et la sensibilité sont la même chose, mais lorsqu'on oppose ces deux mots dans le langage ordinaire, voici le sens qu'on leur affecte.

Le partage de la sensibilité est le sentiment, c'est-à-dire les commotions vives de l'organisation pensante. Celui de l'intelligence est la conception ou l'ébranlement de l'organisation pensante, suffisant seulement pour être nettement aperçu ou éprouvé.

La commotion forte de l'organisation pensante ou d'une de ses parties communique le mouvement aux organes aboutissans; si plusieurs des parties sensibles et pensantes sont affectées, agitées à la fois, il en résulte une confusion, un mélange de sensations qui nuit à la netteté du premier sentiment, l'interrompt et en distrait notre attention. Les idées ou les impressions morales mises en mouvement nous captivent, nous absorbent, nous promènent sur d'autres objets, et c'est ainsi que divague un penseur mobile que son esprit abandonne; il juge mal parce que, s'écartant sans cesse de sa matière, il n'a pas le temps de l'approfondir, de l'apercevoir nettement et exactement; et aussi, parce que les sentimens qu'il éprouve étant mêlés de désirs et de crainte, influent sur la volonté et font, qu'entraîné par un but étranger, à celui de découvrir la vérité, il examine inégalement les différens côtés de la balance, et qu'une partie de ses idées ayant plus de prise sur la sensibilité, la remuant plus vivement, en est plus entièrement et plus fortement aperçue.

Les esprits froids conçoivent avec facilité parce qu'ils éprouvent peu de distraction.

L'intelligence et la mémoire se trouvent peu réunies parce que la première est l'effet d'une organisation mobile, et l'autre d'une organisation ferme.

§ XX.

Ce qui fait l'homme supérieur.

Je ne veux pas que l'homme supérieur sacrifie les grandes choses aux petites.

Je passe, j'aime souvent en lui les faiblesses que ne comportent pas certains caractères.

Mais, dans quelque situation qu'on le suppose, il est sûr qu'il y aura de petites choses dont il ne pourra se passer.

Elles lui seront souvent propres et particulières, analogues à sa nature et faciles, — elles recevront un nouveau prix de leur originalité naturelle.

Et, il est certain que quand la nature s'y porte, le génie, le tact et le caractère donnent à de petites choses, une pureté, une nouveauté, une consistance qui font d'elles un champ de délices.

Dans ces petites choses donc il en est que les principes désavouent. Mais je demande plus : je veux qu'il aime, qu'il se plaise à en élaguer le faux, le vain, le froid, le rebattu, etc. etc. etc., et qu'il emploie, non le travail, mais la hardiesse, le sentiment, et ce qu'il y a en lui de supérieur pour embellir sous l'influence du goût ces mêmes petites choses si nécessaires et possibles, si délicieuses.

Qu'on ne m'oppose point la crainte du précieux, du vaniteux, du froidement bizarre ; ce que je mets de goût et de caractère dans mon homme supérieur, éloigne tout cela.

Mais sans proscrire les choses puisées dans l'usage et l'art adopté, qui lui pourront être plus faciles qu'au grand nombre, je lui prédis que ce qu'il y apportera d'original, en lui rendant plus de fruit, lui coûtera moins d'ennui, de peine et d'étude.

L'homme profond et consommé ne se produit que par l'union d'une grande vigueur de la nature et d'un grand travail de l'art et des circonstances.

Il est rare dans tous les lieux et dans tous les temps.

§ XXI.

Manière de voir différente de l'homme pensant et de l'homme sensible.

L'homme pensant voit la masse des avantages, l'homme sensible ne voit que le moment, le tableau, la physionomie poétique des objets.

§ XXII.

De la divination de l'avenir.

Qu'une certaine érection des fibres du cerveau suffise à la divination de l'avenir, c'est une absurdité, mais la même proposition adoucie devient l'expression d'un phénomène moral que l'observation et la spéculation établissent.

L'exaltation de la tête favorise la conjecture. Dans une tête exaltée, les souvenirs sont vifs, toutes les nuances, tous les détails sont sentis, la succession rapide des idées fait apercevoir en un instant toutes les données relatives à la question qui se discute. Ainsi présentés simultanément avec la plus complète intégrité, les rapports s'offrent avec netteté, justesse, et l'esprit porté à les saisir les mêmes dispositions qui lui ont fait rassembler les données dont ils résultent.

Les données sont donc plus complètes, plus multipliées, plus simultanées, les résultats plus féconds et mieux aperçus.

D'où on tirera plus de conséquences, et ces conséquences seront plus justes, et on approchera plus de la connaissance de l'avenir, qui n'est que celle des conséquences des données actuelles.

On pourra prévoir davantage, et ce qu'on aura prévu sera plus probable et plus intègre.

§. XXIII.

De l'imagination et du caractère dans l'homme physique et moral.

Tant s'en faut que l'imagination suppose le caractère, ce sont deux choses presque incompatibles.

C'est une certaine souplesse, une certaine flexibilité unie à la chaleur qui fait l'imagination. C'est une certaine souplesse unie à la froideur qui fait la finesse et la ruse. La première s'allie facilement avec la franchise, avec une grande générosité, mais difficilement avec la constance et la tenue. La finesse, au contraire, n'a jamais de franchise et ne saurait avoir qu'une grandeur calculée, mais elle est éminemment capable de suite et de combinaison dans ses desseins.

Ce qui peut donner du caractère à l'imagination sans en diminuer l'état et la chaleur, c'est la force. Il y avait plus de caractère en Danton qu'en Mirabeau.

Le génie occupe le milieu entre le caractère et le talent. C'est la raideur qui donne le caractère, c'est le nerf qui donne le génie, c'est la souplesse qui donne le talent.

Ce qui distingue le caractère, c'est le jugement; ce qui distingue le génie, c'est l'invention; ce qui distingue le talent, c'est le coloris.

Le caractère aperçoit en gros et juste; le génie devine; le talent pénètre et saisit toutes les nuances. Le premier coup-d'œil est le plus droit, le second le plus profond, le dernier le plus fin.

Ce qui éloigne le génie d'avoir du caractère, c'est le caprice et l'inégalité; ce qui en éloigne le talent c'est la faiblesse.

Ce qui fait la puissance de la volonté, c'est son énergie, sa constance, et l'habileté.

L'imagination et le caractère peuvent difficilement compâtir.

Le caractère résulte en général d'une grande tenue et d'une certaine uniformité dans les impressions, il tient à la force calme, à la raideur.

L'imagination suppose une grande mobilité.

Si vous voulez trouver une imagination brillante et poétique, ne la cherchez ni dans la mollesse, ni dans la rigidité des fibres, mais dans une souple élasticité.

J'ai vu presque tous les hommes de caractère fort maigres, et les hommes d'imagination plus ou moins gras : tels Lally, — Mirabeau, — Cazalès.

Un tissu constamment sec ne peut s'allier avec l'imagination, qui suppose une certaine sueur naturelle, grasse, attachée souvent aux extrémités.

On dit que les habitans de l'Amérique, lorsqu'elle fut découverte, avaient peu de signes de force, peu de caractère et beaucoup d'imagination; ils se rapprochaient du caractère des femmes, effets assez naturels d'un pays qui n'est pas encore desséché.

L'imagination poétique suppose des sensations pleines, et par conséquent quelque force. Des hommes dont la constitution est extrêmement pauvre, peuvent avoir des idées assez nettes, une extrême finesse, quelques facultés métaphysiques, mais ils ne sauraient avoir une imagination vive, féconde et pittoresque, si ce n'est peut-être quelques hommes malades dont la dépense d'esprit excède de beaucoup ce que leurs forces peuvent supporter, et les conduit rapidement au tombeau.

Il y a des choses où l'on accuse l'esprit, et où

c'est le caractère, la force et l'élévation qui manquent. On aurait assez d'esprit pour sa position, si le caractère nous y plaçait convenablement.

Si on se laisse arracher un secret, ce n'est pas, la plupart du temps, faute d'esprit, mais faute de calme, de supériorité, d'empire sur soi.

Si l'on est déconcerté par une attaque et si l'on ne sait y répondre, c'est moins par le manque d'esprit que de supériorité, de force et de sang-froid.

Si dans un moment critique, on manque ou de jugement ou d'expédiens et de ressources, c'est parce qu'on est abattu et troublé.

Si dans la conversation ou le débat, on laisse l'adversaire prendre la haute position, c'est presque toujours parce qu'on a moins de confiance, moins de force, moins de sentiment de soi, car le caractère bien senti peut se placer avantageusement, même vis-à-vis du charlatanisme et de l'effronterie.

Si l'on manque aux convenances, ce n'est pas faute d'esprit, c'est parce qu'on n'a pas le sentiment intime de soi et de sa position.

L'élévation, le caractère et la confiance qui naît du sentiment de la force donnent, sans le secours même de l'esprit, le secret de toutes les positions; si les expressions se refusent, le caractère a encore le langage du regard, de l'attitude et du silence; il donne la vraie dignité, le naturel, l'assurance tranquille, l'ascendant de la supériorité; il éloigne une susceptibilité fausse, et cette force déplacée qui est ou la crainte de paraître faible, ou le lâche abus de ces avantages; il donne toutes les nuances d'une réaction supérieure à la provocation.

Le caractère ne rend pas impassible un être sensible et bien organisé, mais il fait qu'il prend le dessus quand il le faut sur les impressions, et qu'il les chasse, les surmonte et les contient.

§ XXIV.

Du génie.

I.

L'homme de génie et de la nature a le sentiment et l'intuition; nourri de ses expériences et de ses sensations, le sentiment vivifie toutes ses pensées; il est inspiré.... La marche rapide de ses facultés échappe à l'attention qui l'examine, et semble une illumination surnaturelle.

Voir, combiner, juger et agir, ce n'est pour lui qu'un moment et qu'une même sensation; l'étendue et le temps prennent à la fois sur son entendement dans l'espace indivisible de la pensée; ce n'est pas la tête seule qui pense, l'impression dont il est ému pénètre toutes ses facultés sensibles.

Quel est son langage? l'action, le regard, le geste. Il vous communique l'impression dont il est rempli comme une contagion morale, comme une émanation de son âme; l'analyse et les périodes sont pour lui trop lentes et inanimées; s'il parle, ce sont des exclamations, ce sont des résultats lumineux et brefs, où l'homme capable de l'entendre lit toute l'étendue de sa pensée. Ce sont des images, où son esprit a laissé couler la vie, et qui vous imprègnent du même sentiment, de la même lumière qui les inspire.

Ses talens, son art, découlent de la même source.

Un tel génie est un don de l'organisation, la métaphysique en éloigne. L'étude des livres, et la réflexion trop peu nourrie de faits et d'épreuves, en éloignent aussi; son école, c'est l'expérience, l'action, les agitations de la vie; il se nourrit et se fortifie dans un exercice approprié; mais il s'éteint et se décompose dans un exercice froid et minutieux, comme il s'engourdirait dans l'inaction.

Quel caractère s'associera le plus naturellement à ces dispositions? Un tel homme est et doit être ordinairement passionné; une rivalité de penchans divers ne s'accorde guère ni avec la vérité naturelle de ses sentimens, ni avec la force.

Sa passion dominante ne peut être ni la volupté, ni l'amour.

II.

Point de génie sans paresse.

Les explosions du génie lassent;

Le génie vient de l'inflammabilité de la tête et du sentiment, de la réalité des émotions, choses qui ne se rencontrent qu'avec un caractère naturel, nécessairement porté à l'abandon, à l'empire des sensations, et par suite à la paresse.

La paresse est un creuset où les matières se préparent, fermentent tellement qu'il en sort des choses mûres, senties et approfondies.

L'esprit toujours actif ne peut être guère que superficiel, matériel, imitateur, factice.

L'homme de génie est mauvais pour l'exécution suivie, régulière, ponctuelle, minutieuse.

Les dispositions ont sur lui trop d'empire.

Point de génie sans convulsion;

Le simple, le spontané, ne sauraient conduire au grand talent.

L'impulsion naturelle est seule hardie, grande et féconde.

Ce qu'il y a de génie dans les Anglais ne tient pas à leur tête froide et méthodique, chose que nous ne comprenons point dans le sens de ce mot, quoiqu'elle soit une grande capacité et devienne un grand mérite; mais d'une certaine constitution mélancolique, enthousiaste, et qui met tout ce qu'il y a de senti dans son indépendance, dans son originalité, dans son pittoresque.

Les anglais sont le type de ce qu'il y avait de passionné dans ces mêmes peuples du nord qui conquirent le midi.

Il y a en France cent hommes d'esprit pour un homme de génie.

§ XXVI.

De l'influence du travail sur le génie et le talent.

La tension volontaire et forcée des organes est utile et même nécessaire pour l'instruction; pour le travail.

Mais pour le développement des talens, il faut qu'elle soit libre et naturelle.

Je ne veux pas dire que le développement du talent soit toujours facile, loin de là, plus il a de vigueur, plus il suppose de contraction. Rien n'est plus dissemblable que la molle négligence de la Fontaine et la manière chaude et nerveuse de Jean-Jacques Rousseau, mais elles ont cela de commun, que toutes deux sont l'ouvrage de la nature et non de la volonté.

Le génie s'anime, s'échauffe, s'exalte à l'ouvrage ; il le jette, il le savoure, il le remanie. C'est travail en ce que les organes sont dans une tension extraordinaire, mais c'est nature en ce qu'une impulsion indépendante, en ce qu'une sorte de besoin est le moteur de ce travail.

On peut commencer le travail avec une impulsion médiocre, et s'échauffer graduellement, cette disposition qui est la meilleure de toutes. Celle qui opère la plus grande puissance des facultés, qui la détermine le mieux au but et la soutient le plus long-temps, rentre toujours dans ce que je dis.

§ XXVII.

De la tension d'esprit.

Une existence incessamment tendue et forcée ne saurait être heureuse. Beaucoup de gens s'y vouent, peu y continuent; ou l'intention se retracte, ou la nature pactise et s'arrange pour se mettre à l'aise.

Il n'y a que la première jeunesse qui puisse trouver son bonheur dans de fortes tensions de tête. Si l'homme paraît y persister dans l'âge mûr, la tension a cessé, l'habitude a pris sa place, l'élan est terminé, la carrière marquée.

§ XXVIII.

De l'universalité.

Les êtres universels sont les rapports qui embrassent tous les êtres, c'est-à-dire sont des êtres abstraits ou collectifs qui représentent ou la somme des êtres ou celle des modifications communes à tous les êtres. Il n'est que l'univers qui soit un être universel non abstrait.

On appelle universels, des êtres qui se rapprochent plus ou moins par la généralisation, de ceux que nous venons d'exprimer.

Les idées qui représentent les êtres universels sont des idées universelles. Ainsi les idées des élémens, des effets, des causes, sont des idées universelles parce qu'elles présentent des modifications communes à tous les êtres.

Des esprits qui réfléchissent peu croient quelquefois que les idées universelles embrassent tout parce qu'elles touchent à tout, et pour avoir découvert ou cru découvrir une de ces idées avec ses règles, ils s'écrient qu'ils possèdent la science universelle. J'aimerais autant que quelqu'un vînt me dire que l'habit d'Arlequin est rouge, parce que à force de lorgner il y a aperçu du rouge.

§ XXIX.

De l'esprit.

L'esprit, la science, le goût, donnent du poids même auprès de ceux à qui ils ne peuvent plaire; l'amabilité en reçoit du prix, la vanité en est attirée.

Le triomphe de l'esprit, est de n'en avoir qu'à propos, de le mettre à toutes les portées.

§ XXX.

Suite.

Les esprits superficiels, faibles, sensibles, ne voient que le fait.

C'est la profondeur, le caractère, la vigueur de l'esprit qui font envisager le droit.

J'appelle ici le droit, parce que c'est le fondement de la science des législateurs, les ressorts secrets, les influences lointaines, les rapports de liaison et de production, qui lient entre elles les choses et les font considérer dans leur ensemble; tandis que l'esprit de fait ne les considère qu'isolées dans leur existence matérielle.

Peu de choses rétrécissent plus l'esprit des jeunes gens que les principes.

Les effets sont de ne pas chercher à apprendre et de courber et de systématiser à ses principes tout ce qu'on voit ; ils sont aussi de ne pas étendre et mouler ses idées sur la nature, mais de mouler et restreindre la nature sur ses idées. Ignorance et aveugle présomption !

Helvétius a gâté beaucoup d'esprits de nos jours.

Il n'est rien de si dangereux pour les esprits naissans et ignorans que les bons métaphysiciens et les bons logiciens : les premiers les bornent, les seconds les égarent avec une séduction proportionnée à leur ignorance et à leur intelligence; car le grand mal de ces corruptions, c'est qu'il n'y a que les bons esprits qui y mordent.

§ XXXI.

L'homme d'esprit.

L'homme d'esprit n'admire pas. Il est curieux et observateur. Il recherche la société des gens d'esprit, ne craint pas la solitude. Il a peu de présomption, mais il est plus sujet au dédain. Il a les passions vives ou multipliées; il est distrait et oublie aisément.

Le terme d'homme d'esprit est trop vague, trop général; cet être est trop abstrait pour être suivi, car si vous ne présentez que ce qui est commun à la classe, vous ne présenterez que bien peu, mais en descendant davantage vous accumuleriez les contradictions : elles fourmillent entre les espèces diverses.

Celui qui passe pour homme d'esprit n'aura pour garantir ses actions de ridicule, de sottise, etc., qu'à y porter de l'assurance et de la sérénité; son influence subjuguera, et si l'apparence est contre, on lui supposera des données ultérieures.

§ XXXII.

Des grands esprits.

L'esprit relevé plane sur la société; s'il s'y mêle, s'il en étudie l'art et les manœuvres pour son avantage et pour son plaisir, il n'en contractera jamais le caractère défectueux. — Il voit les hommes, l'univers, il distingue les besoins et les caprices, les amusemens et les biens, la nature et les préjugés, l'important et le frivole. Mais le grand homme ! En est-il encore? Il n'est, il ne peut plus exister que de grands esprits.... L'homme qui naît avec une grande âme croît parmi l'enthousiasme et les projets. A peine à la lueur de sa raison naissante peut-il regarder autour de lui, qu'il n'y rencontre qu'un désert ; il n'est point de commerce, il n'est point de rapport entre les hautes pensées et les objets qui l'environnent. Les chemins sont fermés de toutes parts, l'élasticité de son âme est étouffée, car les grandes idées d'indépendance, d'intérêt national, sont plus que des déclamations. La route du bien public est petite, embarrassée, assujétissante, décourageante et remplie de tous les obstacles bas et dégoûtans qui déconcertent le courage d'un grand cœur; jusqu'aux passions du second ordre, jusqu'à l'ambition et l'amour de la vraie gloire, il ne s'ouvre devant lui que des carrières petites et bornées. L'ambition n'y voit que des hochets, la gloire n'y montre que des étincelles.... Ainsi chassée de toutes parts, l'âme du grand homme rentre en elle-même; à peine sensible aux autres hommes elle n'anime plus que des actions privées, la société de quelques personnes, et si le feu de son génie demande impérieusement à s'épancher, il n'est plus qu'une voie toujours libre, toujours infinie, mais froide, vaine, spéculative, c'est celle des écrits.

§ XXXIII.

Du prix que le praticien et l'homme d'esprit donnent quelquefois aux idées communes.

Une idée que le théoricien néglige, parce qu'elle est commune et facile à trouver, parce qu'elle résulte de tous ses principes, souvent le praticien la relève, précisément parce qu'elle se réalise fréquemment et que sa lumière est importante.

Des hommes d'esprit donnent souvent du prix à des lieux communs que la foule même dédaigne ; c'est qu'ils les ont pénétrés, embrassés, ils en ont saisi la justesse, les rapports et l'étendue. Dix fois vous avez entendu sans attention la même pensée de la bouche d'un autre, elle vous éclaire pour la première fois dans la leur.

§ XXXIV.

Du peu d'accord entre l'esprit de détail et la grandeur.

Ce tact des hommes et des circonstances, cette souplesse, cette attention, cette exactitude, cette intelligence des détails ; cette hypocrisie, cet égoïsme qui constituent le fin politique, s'accordent rarement avec la grandeur, l'enthousiasme, la hardiesse, les distractions des vastes esprits.

A force de tromper, à force de séduire, les premiers atteignent ce qu'une grande spéculation donne quelquefois à ceux-ci.

§ XXXV.

Des esprits bornés.

Il est des hommes qui, n'ayant que des idées et des aperçus bornés, n'aperçoivent aux vertus et à la perfection que l'étroite étendue que leur esprit donne à tout ; ainsi, le souverain mérite à leurs yeux est renfermé dans de petites pratiques, de petits bienfaits, une certaine exactitude scrupuleuse à des observations minutieuses. Comment ne pas aimer la vertu lorsqu'elle est ainsi faite et qu'on n'a pas la faculté d'être vicieux avec succès ! Aussi ces hommes remplissent-ils parfaitement tout ce qui entre dans le système de perfection qu'ils se sont formé et de l'idée qu'ils se font de leur rare supériorité, et du *nec plus ultrà* de leur mérite résulte cette suffisance et cette satisfaction qui percent dans leur habitude extérieure, dans leurs propos, leurs gestes, leur ton, ce qui est insupportable ou ridicule au dernier point.

§ XXXVI.

Caractère des petits esprits.

La conduite est souvent dérangée par une inquiétude de caractère qui nous fait désirer ce que nous n'avons pas, regretter, blâmer notre œuvre, nous en repentir pour des minuties. De là les plans et l'exécution brisés, contrariés, dérangés; de là les facultés intellectuelles préoccupées, l'absence de ce calme de sentiment qui examine, qui conjecture et conseille, qui aperçoit des êtres et des rapports étendus. On vise à satisfaire le petit sentiment présent; la conduite ne tend plus à l'avantage principal.

Ce défaut tient grandement à la constitution; il se corrige moralement par l'empire sur le sentiment, par l'habitude d'étendre ses considérations, par l'art de peser et d'estimer sainement les rapports de valeur des choses.

Les petits esprits à émulation sont très attachés aux petits objets parce que les grands, qu'ils ignorent, ne les occupent pas.

§ XXXVII.

Défaut des petits et des grands esprits

Le défaut des petits esprits c'est de mettre trop d'importance aux petites choses. Celui des grands esprits que la vie pratique et l'expérience n'ont pas modifiés, c'est de n'en mettre pas assez.

§ XXXVIII.

De l'homme vulgaire.

1.

Ignorant et paresseux de la spéculation de l'avenir, l'homme vulgaire s'embarque d'ordinaire sur la foi d'un guide. La seule probabilité qu'il consulte c'est le caractère moral d'un conseiller : bon, c'est un bienfait qu'on accepte ; méchant, c'est un piège qu'on évite ; prudent, c'est une société qu'on désire ; imprudent, c'est un péril qu'on ne veut pas partager, etc. — Emprunté de Necker.

II.

Donne une issue favorable à l'inquiétude de ton imagination.—Si tu la retiens dans ton sein, elle te tourmentera. — Si tu la laisses égarer, elle va t'entraîner dans mille imprudences.... Si la sagesse la dirige, j'ignore si elle fera de toi un homme heureux, mais elle en fera du moins un grand homme.

§ XXXIX.

De l'imagination.

I.

Dire que la raison est la cause créatrice de l'imagination, ce serait une grande entreprise, et si le succès n'en était pas impossible, du moins nous exposerait-elle à bien des erreurs. Quelques-uns ne l'attribuent qu'à la constitution physique, d'autres prétendent que l'éducation morale y met beaucoup : Les premiers, d'accord sur le point général, diffèrent encore sur l'explication particulière qu'ils en donnent. Tantôt, fondant sur une base d'argile l'édifice le plus brillant, ils attribuent la vivacité de l'imagination à la mobilité des nerfs, et ne songent point que cette cause si peu définie, si imparfaitement entendue, pourrait bien être elle-même l'ouvrage de ces brillantes erreurs, de cette fécondité d'invention dont elle se vante d'être la mère. Tantôt ils donnent la chaleur du sang, les masses respectives des humeurs dont nous sommes composés, comme l'origine des variétés de caractère, d'humeur, d'esprit et la source de la chaleur et de la fécondité des idées. Chez quelques autres, c'est l'électricité qui produit tout, et c'est au plus ou au moins que nous en renfermons que nous devons la sorte d'esprit qui nous anime.

II.

Dans toutes les fonctions de l'homme, l'imagination fait seule les nouveautés, les essorts, les écarts, le pittoresque.

L'homme sans imagination se traîne dans la route de l'imitation et de l'habitude. Il est asservi à ses semblables, s'il est aussi sans caractère; il est asservi aux choses, s'il en a un.

Les esprits sans spiritualité ne voient que le matériel des choses.

Privés de goût, de tout ce qui est raffinement, étrangers à toute perfection dans les beaux-arts, étrangers à la métaphysique proprement dite, à la métaphysique de sentiment, à l'immensité d'émotions qui résultent de ces deux sources, le monde abstrait, le monde subtil n'existe pas pour eux.

La grande étude de la nature, le grand exercice de l'esprit, que peuvent-ils sans l'imagination ? rassembler des faits, les comparer, fournir des matériaux à l'esprit créateur; mais, privés de ce levier puissant, ils ne pourront point en former de nouveaux édifices.

Ils ne sauront même guère en extraire des résultats nouveaux et surprenans, car cette même activité de l'esprit qui crée des combinaisons nouvelles, a seule aussi le don de voir dans les choses de la nature ce que les autres n'y ont point vu, soit par la force active et la spiritualité qui peuvent seules conduire aux vues générales, intérieures ; soit par le don des suppositions, ces précurseurs presque indispensables des découvertes.

Mais comme l'imagination a besoin d'être déterminée dans ses mouvemens par l'expérience de la vie, il faut qu'elle soit fécondée dans ses conceptions par les sens et par le cœur ; vague et folle sans l'expérience, elle est sèche et frivole sans la nourriture des sentimens et des sensations.

Les hommes sans imagination ne devinent rien.

Ceux sans finesse n'aperçoivent rien.

L'imagination, le nerf et le sentiment veulent être réunis pour constituer un grand et bon esprit.

Mirabeau fait preuve qu'il y faut joindre la faculté du calme. A cette qualité près, il a les plus beaux élémens de génie qui se soient vus de notre temps. Que ceux qui querelleraient sa trop petite dose de sentiment se rappellent que cette qualité de l'esprit, la plus séduisante, n'existe guère qu'aux dépens du nerf, qui est la plus utile.

III.

L'imagination est la première faculté de l'esprit qui se perd.

Les prestiges de l'imagination ne séduisent que la jeunesse et les femmes, dont la jeunesse d'esprit est plus longue, ainsi que celle du corps est plus courte.

Le goût arrive par deux causes contemporaines : l'expérience et l'extinction de l'imagination.

§ XL.

Des idées.

Les idées comme les affaires ne sont guère bien

suivies et bien ordonnées que par les hommes qui en ont peu.

§ XLI.

De l'exaltation.

Rien n'est aussi variable que l'homme exalté.

C'est une pitoyable qualité que l'habitude de se chercher des sophismes : je ne sache rien à quoi elle ne puisse conduire.

Beaucoup de gens ne sont qu'eux-mêmes au milieu des choses; — Ainsi les choses deviennent pour eux indifférentes parce qu'ils sont mous; graves, parce qu'ils sont mélancoliques; grandes, parce qu'ils sont exaltés.

D'autres suivent l'extrême opposé : ils n'ont ni centre de ralliement, ni marche suivie; la diversité des circonstances les pousse çà et là, ils sont toujours ce que sont les évènemens et jamais eux-mêmes.

Le milieu, c'est un composé de sensibilité proportionnée aux choses, éclairée par une raison saine, dominée par un caractère nerveux. Un tel homme est lui-même, parce qu'il se possède; il est aux choses, parce qu'il les sent; il tient la juste voie du bonheur et de l'honnêteté, parce qu'il les juge.

Il s'en faut bien que ce que le vulgaire trouve exagéré et romanesque le soit effectivement toujours.

Là où il n'y a pas d'enthousiasme, il n'y a guère d'essor et d'audace de pensée. C'est au caractère à le fixer, à l'esprit sage et juste à le modérer.

§ XLII.

De l'enthousiasme.

L'enthousiasme sans motif est toujours puéril.

Il ôte tout intérêt, tout effet à l'enthousiasme juste.

§ XLIII.

Inconvéniens de l'enthousiasme.

La grandeur d'âme et la générosité charment dans la spéculation; appliquées, elles dégénèrent souvent en duperie.

L'amour et le respect de l'humanité se découragent, quand on en vient à examiner les hommes.

L'étude des femmes est l'écueil des grands sentimens; trop souvent, hélas! elle est le tombeau des scrupules.

Aussi ne voit-on pas d'enthousiasme chez les gens expérimentés.

Mais l'enthousiasme et l'imagination passeront d'un excès à l'autre, et pour avoir vu les inconvéniens de l'héroïsme puéril qu'ils s'étaient formés, ils se précipiteront aisément dans la misanthropie ou la scélératesse, avec d'aussi bonnes raisons.

L'expérience et la raison résistent à ces excès, voient les choses dans leur ensemble et leurs variétés, avec le bien et le mal; voient cette honnêteté sage, calme, indulgente, ferme, éclairée, qui n'est point la dupe des vices des hommes, et qui leur est beaucoup plus utile.

Heureux si tel était l'effet ordinaire de l'expérience, creuset fatal où trop souvent le cœur se dissout et ne laisse après lui qu'un lâche égoïsme!

§ XLIV.

Du sentiment.

Le sentiment est la règle la plus sûre et la plus prompte pour faire discerner les êtres abstraits ou concrets, doués d'une force émouvante.

L'esprit étend l'empire du sentiment en mettant à notre portée les idées fines, singulières, éloignées, qui sont propres à le produire; le sentiment étend l'empire de l'esprit en l'engageant à s'arrêter, à observer et à travailler sur des choses dont l'aperçu tout confus a suffi pour l'émouvoir.

§ XLV.

De la mémoire.

La mémoire est toute dans l'imagination.

Point d'images, point de souvenirs!

C'est la netteté, la vivacité, l'ensemble harmonique, la forme imprimante et remarquable des tableaux qui nous sont offerts, qui déterminera la force de nos souvenirs.

Je retrouve, par la réflexion, une suite de raisonnemens réguliers; mais une image se fixe et se reproduit mécaniquement dans ma tête.

Les plus vives sensations de ma vie, c'est par les images qui les accompagnent que je puis me les représenter.

L'imagination puise une partie de son énergie, ou dans la disposition des organes, ou dans la vivacité qui accompagne le tableau.

§ XLVI.

De la finesse.

La finesse est la petitesse; mais ce mot signifie souvent la faculté de sentir, d'apercevoir ce qui est fin, menu, atténué, léger, insensible pour le grand nombre.

La finesse des organes tient à leur extrême sensibilité; elle en est l'effet.

L'exercice produit la finesse parce qu'elle perfectionne les organes, mais surtout parce qu'elle occupe notre esprit de toutes les idées relatives.

Les femmes, plus sensibles que nous, ont naturellement plus de finesse en tout.

Les organes pensans s'assouplissent par l'exercice et acquièrent ainsi une grande finesse. Mais les hommes dont la constitution est naturellement sensible et mobile, vont dans ce genre de perfection toujours bien plus loin que les autres, à exercice égal.

La finesse s'allie à la sensibilité morale, mais elle fait présumer aussi l'inconstance, car elle est l'ouvrage de la mobilité.

La délicatesse est à peu près la finesse, à moins qu'on préfère dire qu'elle en est l'effet dispute de mots!

Les idées fixes représentent un être léger, délié, imperceptible, mais réel ; sans cela, elles seraient vides et n'auraient pas de sens. Mais il arrive souvent qu'on donne le titre de fines à des idées qui représentent des choses assez grossières, qui, par l'obscurité de l'expression, deviennent difficiles à apercevoir. Cette finesse là est la plus facile à atteindre, mais elle ne vaut pas encore la peine qu'elle coûte.

Les sentimens fins sont des expressions légères qui n'auraient pas de prise sur les cœurs ordinaires, et qui, cependant, par leur continuité, leur fréquence, décident en quelque sorte du bonheur ou du malheur des cœurs délicats, susceptibles de les éprouver. C'est surtout aux femmes que la nature semble avoir destiné ces sensations fines pour les dédommager des grands intérêts que la politique éloigne d'elles.

Peu accoutumé à la douleur, l'homme du monde y est prodigieusement sensible; il est sur ses impressions de la finesse la plus affligeante. De là, l'extrême perfection des moyens qu'il emploie pour s'en garantir; blasé sur le plaisir, il est obligé de le varier sans cesse et de le pousser jusqu'aux excès pour le faire parvenir jusqu'à ses sens. De là, ces moyens singuliers qui par leur nouveauté font encore impression ou qui plaisent du moins à l'imagination. Cependant, il a encore une certaine finesse pour le plaisir, et dans le physique même, car s'il est blasé, il est très mobile, et l'un répare l'autre. Il n'en est pas moins pour cela bien plus délicat pour la douleur, qu'il n'a pas connue; et à bien examiner sa conduite, la finesse des moyens qu'il emploie, tend encore plus souvent à éloigner les atteintes de la douleur qu'à faire parvenir jusqu'à lui celles de la volupté.

La finesse de l'esprit est la même que celle du cœur, puisque tout cela se réduit à sentir délicatement; cette finesse qui fait concevoir à demi-mot, consiste dans la faculté de saisir le léger rapport qui est entre le signe et la chose ; c'est toujours l'acte d'un esprit mobile, ou exercé, ou inquiet.

§ XXXXVII.

Du goût.

Le goût est la faculté de juger avec délicatesse et finesse les qualités des êtres qu'on considère comme frivoles, dont la discussion passe pour n'être pas très obtuse et paraît dépendre plutôt de la délicatesse de la sensibilité que de l'instruction et de l'habileté de l'organisation pensante.

§ XLVIII.

Suite.

C'est surtout en matière de beaux-arts que cette faculté reçoit plus proprement le nom de goût; en matière de caractères, on l'appelle pénétration; elle prend le nom de jugement, lorsqu'elle s'exerce sur des choses sérieuses.

Un homme de goût est affecté par les choses les plus légères; il les aperçoit, les apprécie; un léger défaut le choque et le blesse; un agrément fin ou faible, pour tout autre imperceptible, trouve prise sur ses organes délicats.

L'homme de goût, tel que je viens de le définir, doit sans doute apprécier ce qu'on appelle communément de beaux écarts; il doit mépriser les règles lorsqu'elles nuisent à la perfection; il embrasse, en un mot, toutes les manières de juger avec autant de vérité que de finesse, et apprécie également le bien et le mal, sous quelque forme qu'ils lui puissent être présentés; mais cet être merveilleux est presque un être de raison.

L'excès de sensibilité nécessaire pour juger avec une extrême délicatesse est suivi pour l'ordinaire d'une mobilité, d'une faiblesse qui ne saurait sans douleur supporter les grands effets, qui est choquée, douloureusement affectée de ce qui, sur le grand nombre, doit produire des impressions agréables.

Extrêmement sensible aux affections désagréables que produisent de légers défauts, l'homme de goût les proscrit avec sévérité, et s'occupe à les émonder; ce soin l'absorbe, et combien n'est-il pas difficile qu'il se rappelle tous les effets heureux, inséparables des légères imperfections qu'il évite.

L'homme de goût est comme une femme susceptible d'être séduite ou d'être choquée par mille choses qui n'ont sur le commun des hommes aucune prise; il est nécessairement préoccupé, distrait par les détails; il est un peu minutieux, et s'il n'a une étendue d'esprit immense, les grandes choses doivent souvent lui échapper.

Le goût s'allie difficilement à l'enthousiasme, à la chaleur de l'imagination; absorbé par les grands objets qui l'agitent, l'écrivain enthousiaste ne saurait aisément descendre à s'occuper des détails, des agrémens légers, des bienséances; c'est Shakespeare, c'est Milton, c'est Homère!

Ainsi l'ardeur de l'imagination semble exclure le goût pris dans un certain sens, ou du moins l'exercice de cette qualité.

Quoique le goût tienne plus peut-être à la délicatesse de la sensibilité qu'à la réflexion et à la connaissance du cœur humain, il ne saurait cependant être porté à un certain point sans leur concours : ainsi, il suppose l'habitude de la méditation, quelque philosophie, et le don d'une âme ardente, et une imagination fougueuse se trouvent rarement réunis dans le même sujet. A ces qualités Marmontel, Laharpe, d'Alembert ne sont point des gens chauds. M. de Voltaire, qui l'était, était un homme rare, et le goût dont il était doué consistait d'ailleurs bien plutôt dans l'extrême délicatesse de sa sensibilité que dans la possession d'une didactique saine et philosophique.

On puise le goût dans le monde, parce que pour juger juste après tout, il s'agit moins de juger ce que sont les choses en elles-mêmes, ou par rapport à l'humanité, que de juger ce qu'elles sont par rapport à son siècle et au petit nombre même qui en constitue la portion brillante. Dans le commerce du monde on apprend à agir, à penser, à sentir comme lui, on contracte ses opinions, ses goûts, son caractère, et l'on devient ainsi capable de porter des jugemens qu'il ratifiera ; ce qui, aux yeux de ce monde, est nécessairement juger juste.

Le commerce des hommes de goût, celui des femmes, perfectionne le goût, parce qu'auprès d'eux on s'approprie les idées, la méthode, qui les guident ; les femmes ont une certaine finesse qu'on acquiert ; aussi nous apprenons l'existence de ce que nous ne soupçonnions pas, et du moment que nous savons qu'il existe, nous l'apercevons aussi.

Si le monde forme les poëtes agréables et légers, ce n'est point uniquement parce qu'il perfectionne le goût; mais c'est là qu'on apprend à s'énoncer avec un naturel facile sur des objets qui n'ont en quelque sorte de réalité, d'importance, que dans l'esprit des gens du monde; et le goût ne suffirait point pour donner cette facilité-là : bien qu'il apprenne à la distinguer, on apprend aussi, dans le commerce du monde, à manier sa langue avec toutes les grâces dont elle est susceptible : et ces talens sont aussi indispensables que le goût, à celui qui prétend obtenir un rang distingué dans la carrière des beaux-arts. Il fut un temps où le monde était l'écolier des beaux esprits; il est aujourd'hui leur instituteur. Depuis que le goût des lettres, l'instruction, les passions délicates, ont pénétré dans son sein, il est devenu, pour presque tout ce qui tient aux arts d'agrément, la meilleure académie à consulter.

Il est des choses qui, par leurs relations avec les qualités essentielles de l'humanité, doivent plaire ou déplaire dans tous les temps, ou chez tous les peuples; il en est aussi qui, ne frappant que sur des passions moins générales, moins primitives, et qui, étant l'effet des opinions que nous inspirent les circonstances, ou du caractère qu'on doit au gouvernement, au climat, doivent plaire et déplaire successivement, suivant les variétés que subissent ces passions.

Ainsi, le goût varie ses décisions, selon le temps et les lieux; et celui qui était réellement un homme de goût dans son temps, parce qu'il jugeait les choses ce qu'elles étaient réellement alors pour ses contemporains et pour lui, pourrait ne l'être plus, placé dans un autre point de la chaîne des siècles, parce que les rapports des choses aux hommes, seraient changés.

CHAPITRE III.

Faiblesses et vices de l'âme.

§ 1er.

Des passions.

La tête a ses passions attachées à tout ce qu'elles figure et contemple.

Le cœur a ses passions attachées à tout ce qu'il sent et possède.

L'ambition, la gloire, sont des passions de la tête.

Quand les idées s'étendent parmi les hommes, quand la pensée devient une habitude, le raisonnement prend la place du préjugé, l'enthousiasme prend la place du sentiment, et les passions de la tête chassent les passions du cœur.

S'il n'est point de bonheur complet et soutenu dans les jouissances des sens, il n'est aucune plénitude dans celles des passions de la tête, car elles sont sèches et laborieuses, fatiguent l'homme, et ne le nourrissent pas.

§ II.

De l'amour-propre.

Les petits mouvemens de l'amour-propre intéressent comme faiblesse, mais à condition qu'ils ne soient ni odieux, ni lâches; qu'ils ne soient pas du moins enracinés dans le caractère, et qu'on vous sente prêt à en rire et à en plaisanter vous-même.

La règle, c'est en définitive de n'y pas mettre d'importance.

La prétention est la plus grande ennemie de la dignité.

C'est un grand obstacle à toute grandeur, à toute supériorité, à toute puissance, que de ne pas se posséder, et prendre pour toute dignité, vérité, etc., tous les petits mouvemens de l'amour-propre, de l'humeur, ou même de la raison échauffée hors de propos. C'est l'opposé de l'excessive insouciance des esprits mous.

Amour-propre qui demande, amour-propre qui présume, amour-propre qui s'occupe de soi, sont également pernicieux.

Supprimerez-vous donc l'amour-propre, et vous refuserez-vous tous les avantages dont il est la source?

Je leur chercherai des mobiles meilleurs, plus

sages, plus intéressans; mais supprimer tout amour-propre, c'est un songe : Il faut le subordonner, le modifier; il faut que la raison, le caractère, le cœur, le dominent; que la délicatesse, la générosité, la dignité, le goût, la sagesse, l'accompagnent pour le purifier. J'ai dit qu'il fallait le réformer quand un autre mobile pouvait le remplacer. Il faut, du moins, quand on l'emploie, le déguiser, le masquer le plus avantageusement possible. Sa face découverte est presque toujours mauvaise à laisser voir.

Il faut dire aussi que les hommes renoncent plus facilement à leur dignité qu'à leur amour-propre.

§ III.

De la vanité.

La vanité vous traduit sans cesse devant vos juges, et devant des juges irrités.

Mais celui qui ne cherche point la gloire, et qui est insensible au ridicule, est indépendant et invulnérable.

§ IV.

Du faux orgueil.

Le faux orgueil use souvent inutilement beaucoup de force à emporter de supériorité des choses qu'on obtiendrait facilement par la douceur, par le sentiment, par des prières sans bassesse.

§ V.
De l'ambition.

L'ambition méprise l'avarice, et l'amour de la gloire méprise jusqu'à l'ambition.

L'homme sacrifie dans son premier âge à la vertu et à l'amour de la gloire, ensuite à l'ambition, ensuite à l'avarice ; il en est à peu près de même des corps, des nations, des gouvernemens, des institutions humaines.

L'église commença par l'austérité, puis sacrifia à l'amour de la puissance, puis ne s'occupa plus que de ses richesses et de ses jouissances.

La vertu conduit à la réputation, la réputation au pouvoir, le pouvoir à la mollesse.

Les princes qui fondent les états sont de grands guerriers, ceux qui leur succèdent sont de grands politiques, ceux qui succèdent à ceux-ci sont des rois fainéans.

A Rome, où la marche des sociétés humaines s'est librement développée, on a vu Rome vertueuse, Rome ambitieuse, Rome corrompue.

Rome vertueuse eut des citoyens, Rome ambitieuse fut peuplée de factieux et de héros, et Rome corrompue n'eut bientôt plus qu'un tyran et des esclaves.

Il n'y a pas eu jusqu'au fauteuil académique qui ne fût le terme du travail, et le point où l'on ne soupirait plus que pour les passions et les jouissances commodes.

§ VI.

De la faiblesse.

L'extrême faiblesse est un défaut si dangereux dans les affaires, qu'il nous rend aussi funeste aux autres que la perfidie, en même temps qu'il nous perd nous-même. Un homme dont la conduite ou l'opinion change continuellement trompe réellement le public qui s'y fie, quelle que puisse être au fond sa bonne foi; il y aurait même cet avantage avec le perfide, qu'une fois qu'on l'aurait deviné, on saurait à quoi s'en tenir et on calculerait sa conduite sur ses sentimens pénétrés, sans s'arrêter à ses démonstrations; mais avec un homme vacillant, il n'y a rien à calculer, ni à prévoir, et la seule conjecture que l'on puisse former, si la chose publique tient à son sort, c'est qu'il perdra tout en se perdant lui-même.

§ VII.

Franchise et hypocrisie.

Parmi ces distinctions puisées dans l'observation de la nature, et qui sont la clé du cœur humain, il en existe peu d'aussi fécondes dans leurs résultats que la grande division qui caractérise les hommes par la franchise ou l'hypocrisie.

Les hommes en qui la force naturelle est grande sont disposés à dédaigner le mensonge; dès leur enfance, ils ont fait plus d'usage de la force que de la ruse : ils sont ordinairement francs.

L'ardeur des passions naturelles rend la dissimulation presque impossible; souvent unie à une grande vigueur, elle concourt avec elle à rendre l'homme franc; et, lors même qu'elle en est séparée, elle va encore au même but et le rend, au moins, indiscret.

La sensibilité du cœur ne va jamais sans un fond de franchise. L'exemple des femmes n'est point une objection; elles sont bien moins généralement sensibles qu'on ne le croit, et aussi bien moins généralement hypocrites. On confond souvent en elles avec la sensibilité, des choses qui ne sont qu'une faiblesse tout-à-fait égoïste, et souvent aussi avec l'hypocrisie, des choses qui ne sont que l'effet nécessaire de leur situation. Elles sont bien réellement divisées en deux classes : les sensibles et les hypocrites ; et cela est plus absolument vrai d'elles que des hommes, à qui la force donne plus souvent un genre de franchise qui ne tient pas à la sensibilité.

§ VIII.

De la ruse.

La ruse est dangereuse. Elle insulte à la sagacité ; elle suppose mauvaise cause : on la punit, on la condamne. La bonne foi est vertu, elle est honorée en proportion de la sécurité qu'elle offre : on la récompense, on l'absout.

Peu de force et de grands désirs instruisent à la ruse.

§ IX.

Du charlatanisme.

Ce nom s'applique, en général, à la tromperie, qui consiste à vanter de mauvaise foi ce qu'on présente aux hommes pour le leur faire payer en argent, en estime, en admiration, etc.

Les diverses espèces de biens qui peuvent être le sujet du charlatanisme en établissent différentes espèces :

Charlatanisme de vertu, charlatanisme d'amitié, charlatanisme de science, charlatanisme de philosophie, de médecine, de religion, de bravoure, etc.

L'ostentation diffère du charlatanisme en ce qu'elle n'emporte pas, comme lui, le mensonge.

Il est rare que le charlatanisme soit bien couvert ; l'exagération, l'imitation fausse, les momens critiques, la difficulté de soutenir long-temps un état forcé, le trahissent bientôt ; et, s'il échappe aux yeux vulgaires ou passionnés, il n'échappe guère à l'observateur exercé, froid et attentif.

Le charlatanisme prend une foule de tons et de formes, selon son talent, son sujet et les personnes qu'il veut tromper : fastueux, simple, fier, modeste, caressant, bourru, selon les dispositions de celui qu'il joue, selon ses calculs et les circonstances.

Opposé à la hablerie, il paraît en différer par l'intérêt ; à la fourberie, par l'ostentation. Il est encore entre ces mots comparés, bien d'autres nuances, et, isolément employés, il arrive qu'ils se suppléent.

Au reste, le mot charlatanisme est particulièrement affecté à celui de la médecine.

§ X.

Du menteur.

Le menteur, mal préparé, met un intervalle entre la demande et la réponse, parce qu'il réfléchit. Or, cet intervalle le décèle, parce qu'il est étranger à l'homme sincère; et tel est l'empire de l'habitude, qu'avant de dire même la vérité, il balance encore; il ignore s'il doit se déterminer à la dire. Un homme qui balance avant de répondre, est donc un homme accoutumé à affirmer selon son intérêt.

Le menteur a besoin de mémoire, car, comme on sait qu'on se rappelle mieux les choses qu'on a éprouvées, que celles qu'on a dites, celui qui se coupe est soupçonné d'affirmer des fictions, et ce signe est, en effet, rarement trompeur.

§ XI.

De l'affectation.

L'affectation est une manière de faire les choses

qui annonce l'intention de paraître gracieux ou digne d'admiration.

L'affectation excite la méfiance. Ce que l'on dit, ce que l'on fait avec affectation est l'ouvrage de l'intention, du soin, de la politique; on ne dit point, on n'agit point parce que l'on sent de même, mais parce que l'on a un tel but. Ce n'est pas l'attrait de dire ce que l'on pense ou de faire la chose à laquelle le désir du moment nous pousse; c'est un système plus étendu, un effet plus éloigné qui guide l'homme affecté, qui lui fait feindre les opinions, imiter les sentiments, étaler les actions et la conduite.

L'affectation fait présumer la présomption et blesse ainsi l'orgueil.

Fielding distingue deux sortes d'affectation, celle qui résulte de l'hypocrisie et celle que produit la vanité, c'est-à-dire l'action de cacher ses vices et l'action de se parer des qualités qu'on n'a pas. Ce mot est pris ainsi dans une signification plus étendue que celle que nous lui attribuons communément. Cependant, il est susceptible, même dans notre langue, de recevoir toute cette étendue. Mais je ne puis adopter ce qu'ajoute Fielding, en faisant de l'affectation la source unique et nécessaire du ridicule, quoique je la reconnaisse pour une des plus fécondes. C'est un de ces systèmes exclusifs, enfant des aperçus trop prompts de la paresse et de ce goût de simplifier les notions, si naturel à la philosophie, et qui lui est cependant si nuisible.

§ XII.

De la pruderie.

La pruderie est l'affectation d'une pudicité outrée. On donne aussi ce nom à l'affectation d'une pudicité qu'on n'a pas, et c'est là son acception la plus ordinaire.

§ XIII.

De la fausseté.

Il y a dans la fausseté une méfiance qui altère l'imitation en l'exagérant ; celui qui craint d'être découvert se trahit par des précautions indiscrètes. Moins il se sent ce qu'il veut paraître, plus il en outre les signes, et il affecte de les montrer. Ainsi le fripon déclame pour la vertu, le parvenu affecte la hauteur et vante ses titres, etc.

Une fausseté habituelle n'est pas long-temps secrète.

Certaines personnes estiment tellement la dissimulation, la ruse et la fausseté; elles goûtent tant de douceur à s'applaudir de ces choses, et placent en elles tant de confiance, qu'elles les emploient dans des minuties qui, sans leur rendre jamais la peine qui leur en a coûté, leur ôtent, en les faisant connaître, la faculté d'en faire usage avec succès dans les cas importans.

Le grand nombre croit peu à la sincérité des paroles, surtout lorsqu'il les croit motivées; il faut donc pour influer sur l'opinion, employer les circonstances et les faits préférablement aux affirmations, et savoir placer et modifier celles-ci de manière à ce qu'elles paraissent désintéressées.

§ XIV.

De la tromperie.

En vérité, vous qui fondez sur la tromperie vos biens en ce monde, vous êtes sur un piédestal de verre.

Que celui qui a su donner aux hommes une opinion exagérée de lui-même, se garde d'être découvert, car cette même opinion descendrait au-dessous de la vérité, plus qu'elle n'était montée au-dessus.

On le punira d'avoir trompé.

L'amour-propre se vengera de son erreur et de son admiration surprise.

§ XV.

De la méfiance.

C'est le propre des gens qui ne connaissent pas les choses qu'ils font, d'être plus méfians, plus minutieux, plus rigides, et cependant d'être toujours trompés ; ils insultent par leurs précautions tout ce qui a affaire à eux, et omettent les véritables soins, parce qu'ils les ignorent.

Rien de plus coulant dans ses manières qu'un homme qui sait vraiment ce qu'il fait.

C'est, en toutes choses l'expérience, surtout, qui donne cet avantage, mais un sens très juste et un caractère calme, ferme et élevé, en perfectionnent les fruits et y suppléent même jusqu'à un certain point.

§ XVI.

De l'égoïsme.

Les passions ont une certaine naïveté qui, pour peu qu'elles soient à l'aise, ne manquent guère de se déceler.

Écoutez cet égoïste, il vous confiera l'inquiétude violente que lui cause le très léger détriment qui peut rejaillir sur lui des maux immenses auxquels sont en proie la chose publique et les amis qu'il assure lui être les plus chers.

Il y a dans l'homme un besoin de parler de ce qui l'occupe, un plaisir de dire ce qu'il sent, qui se fait jour dès que la sécurité l'y invite, ou dès qu'une certaine émotion lui fait oublier le péril qu'il peut y avoir à s'y livrer.

S'il ne va pas jusqu'à l'objet, il tourne si bien autour, qu'il le désigne à quiconque veut l'apercevoir.

§ XVII.

De la jalousie.

On goûte le chef-d'œuvre de l'homme de l'art, on combat celui de l'amateur, c'est qu'il y a rivalité entre l'amateur et le juge; c'est que la supériorité est moins humiliante lorsqu'elle est l'effet d'une longue suite d'efforts et d'une concentration de facultés.

On tolère le talent ancien, on contrarie la réputation du talent nouveau; on loue les prodiges d'un genre connu, on combat les prodiges d'innovation, etc.

La jalouse vanité préside aux opinions.

Diverses causes peuvent nous éloigner de la jalousie et nous en distraire. Il en est qui nous les font surmonter, mais l'orgueil seul nous place naturellement au-dessus.

Pour échapper à la contagion de la jalousie, il faut être au-dessus ou au-dessous des blessures de l'amour-propre.

§ XVIII.

De la renonciation à l'estime de soi-même.

Ceux qui ont renoncé à s'estimer, détestent tout ce qu'ils estiment.

§ XIX.

Vices naturels aux personnages chétifs.

Il est bien vrai qu'on pardonne leurs vices à ces personnages chétifs que ne fatigue point l'amour-propre, mais il est très faux qu'ils en soient exempts.

Les ridicules leur donnent trop peu d'intérêt pour qu'ils soient remarqués.

§ XX.

Du mal.

Telle action, telle conduite trouve toujours des critiques dans la société. Inutilement te flatterais-tu de te concilier tous les suffrages à chaque moment ; tu te tromperais aussi, si de quelques suffrages ouverts ou secrets, tu concluais qu'un acte vil n'est pas odieux à la société. Mais je t'annonce qu'à faire le mal avec intention, tu rencontreras toujours ruine.

Je te le dis, une philosophie moyenne fait l'homme sans frein ; une philosophie complète fait l'honnête homme, car le philosophe connaît les charmes du monde et n'aventure rien.

Fondée sur la probité, ta conscience te laisse le choix de tes plaisirs ; ils dépendent trop de tes organes, de tes habitudes, de tes circonstances. Tends au bonheur, en te défiant des mots, car ce qu'ils ont appelé *douleurs* et *plaisirs* ne sont pas toujours les plus vifs, les plus durables et les plus sûrs.

§ XXI.

Des hommes méchans.

Les hommes méchans sont très différens des

fripons, quoique l'envie et le désir de nuire puissent leur faire commettre mille lâchetés.

L'homme méchant est rongé par une maladie intérieure. Ses joues sont creuses, ses gros yeux caves ne s'animent que par le plaisir de nuire ou par l'expression de la haine. Alors ils étincellent, ils semblent sortir de leur orbite. Le méchant est soupçonneux, pointilleux, ou il feint de l'être pour acquérir le droit de se venger. Cet homme n'existe point par son bonheur et ses chagrins, il ne sent la vie que par le bonheur et le chagrin des autres. S'il paraît servir quelques-uns, croyez que c'est pour nuire à ceux qu'il hait davantage; s'il soutient une réputation, c'est pour en abattre une qui lui est plus odieuse; ses propres affaires échouent la plupart du temps par les écarts de la passion qui l'entraîne. Il porte avec lui le malheur et l'inquiétude, et veut les répandre partout; sa figure seule l'inspire, il a beaucoup de peine à polir ses dehors et n'y réussit pas pour longtemps, son naturel se fait jour. Il a quelquefois la volonté de la dissimulation, mais il n'en a pas la puissance; une certaine tristesse saisit à son approche, un enfant le fuit et le redoute malgré ses caresses.

§ XXII.

Suite.

Le scélérat peu consommé se reconnaît aisément : il se déconcerte. Si on le fixe, il pense qu'on le soupçonne; il tremble, il pâlit; il se cache mal adroitement; et la crainte trop démontrée d'être deviné, le fait deviner. Voit-il qu'un signe lui est échappé, que les soupçons s'affermissent, il se trouble absolument, il désespère, il ne cherche qu'à intimider ou à attendrir : il jette le manche après la coignée.

L'homme préoccupé de choses indifférentes ne craint pas le regard, il ne se voile pas; s'il s'éloigne, c'est pour fuir la distraction, et ce motif a sa manière; mais celui qui est préoccupé de méchans projets se voile, se couvre, parce qu'il craint qu'on ne devine ce qu'il médite. Ainsi, il baisse la vue, il paraît s'occuper çà et là d'autre chose; il affecte, en répondant, la présence d'esprit.

Peu de gens commettraient des crimes s'il calculaient quelle immensité d'avantages est nécessaire, pour balancer la seule possibilité d'être découvert.

§ XXIII.

De la calomnie.

La calomnie est l'arme des lâches, et plus il y a de lâcheté, plus il y a de disposition à inventer la calomnie, à la faire circuler, à la recevoir.

C'est ainsi que je l'ai toujours observé dans les affaires générales et particulières, et dans la société.

Ce moyen infâme qui en France a tout dissous, n'eut jamais eu le même empire chez une nation déjà instruite à la liberté; mais il a trouvé dans quelques-uns la corruption profonde et exercée, propre à la mettre en jeu chez les autres. L'ignorance, qui est mère de la méfiance et de la crédulité, a chez d'autres, enfin, assez d'habitude de voir et de faire le mal, pour ne jamais refuser d'y croire.

Les dons naturels accompagnés de générosité, d'amour-propre, d'imprudence, etc., aux prises avec la médiocrité, soutenue par l'intrigue et la calomnie, c'est ce qu'on voit partout dans les affaires publiques et privées.

Tout libelliste, dît-il même souvent la vérité, est, en général, un fripon.

§ XXIV.

Des crimes.

Il y a trois espèces de crimes :
1° Crimes réels, par exemple, le vol ;
2° Crimes inconnus, tels que l'adultère ;
3° Crimes de préjugés, tels que manquemens à certains devoirs de religion.

Les premiers, seulement soupçonnés, perdent le criminel ; et, ne fussent-ils pas soupçonnés, ils le rendent encore malheureux.

Les seconds, inconnus même, ne sont pas sans amertume ; connus, si le coupable a pu se flatter du secret, ils attaqueront sa réputation de prudence, plutôt que celle d'honnêteté.

Les troisièmes ne signifient aujourd'hui à peu près rien, pourvu qu'on les commette avec philosophie.

CHAPITRE IV.

Affections de l'âme et de l'esprit.

§ 1er.

Des désirs.

Quand on nous laisse tout voir, nous mesurons l'étendue et la valeur des choses ; notre appréciation est juste, nos désirs sont restreints.

Si l'on nous montre un échantillon qui promette, l'imagination suppose immensément, et les désirs sont sans bornes.

Quand on nous laisse jouir de tout, sans espoir de nouveauté, nous désirons peu la répétition.

Si l'on nous laisse jouir d'une partie et qu'elle soit exquise, qu'elle en suppose mille égales ou supérieures, nous désirons la répétition ; car elle promet nouveauté.

Quand, enfin, on nous fait jouir jusqu'à satiété, nous n'attendons rien de plus grand, de plus complet ; nous connaissons les bornes du degré de bonheur qu'on peut nous donner, toujours bien inférieures à ce que l'imagination nous promet quand elle est libre.

§ II.

Mobilité.

Nous devenons chaque jour plus mobiles; la mollesse de nos mœurs, nos jouissances prématurées, le café et tous les autres poisons habituels qui travaillent à notre ruine, ont sensiblement mobilisé les constitutions depuis un siècle.

Les productions de l'esprit se ressentent chaque jour de ces progrès des organisations physiques. Aujourd'hui, on a du goût, de la grâce, de la finesse; mais on manque absolument de force, de chaleur. La froideur des passions se décèle dans le style; la faiblesse de l'attention dans la brièveté des ouvrages : nous avons peu de poètes; et ce ne sont que des poètes légers. On pense, on juge avec justesse, on est voluptueux par philosophie; mais on ne sent rien avec force, et le tempérament est éteint. La froideur des passions a laissé l'esprit dans une liberté qui lui permet d'approfondir et de juger juste; aussi ne voit-on que de ces hommes qui, nés insusceptibles de sentir, se livrent à la faible compensation de connaître : le siècle de la philosophie et du quiétisme a suivi le siècle des erreurs et des passions.

§ III.

Des habitudes.

Les habitudes constituent les qualités.

L'habitude d'être, modifié d'une certaine manière, est la qualité sous le sens le plus général.

L'habitude d'agir d'une certaine manière, constitue ce que l'on nomme les mœurs.

L'habitude de désirer et de craindre certaines choses, constitue la passion.

Les habitudes décèlent : on ne s'en méfie pas toujours; il faut même beaucoup d'esprit pour s'en méfier, surtout des habitudes morales, dont l'indication, moins saillante, est très sensible pour les bons observateurs. Un homme qui a été d'un certain état, a fait cas de cet état; et, quoiqu'il soit méprisable, il lui arrive, par l'habitude de ce jugement, d'en penser, d'en parler encore avec considération. Il aura conservé de même les opinions ou les habitudes de jugement des hommes de cette profession, comme les opinions et les sentimens que font naître en eux les personnes des diverses classes de la société : les habitudes de regarder certains objets comme importans, les habitudes du langage, sont aussi très indicatives.

L'habitude de certains sentimens laisse sur la physionomie des traces sensibles, surtout lorsque nulle impression actuelle ne la modifie.

Il est des caractères que le goût des spectacles plaisans accoutume à rechercher et à découvrir dans tous les objets ce qu'ils renferment de ridicules. Ils sont devenus, par l'habitude, très habiles à les y apercevoir, et ce seul talent rend leurs observations amusantes et leur société recherchée. De là naît l'art de peindre, de narrer plaisamment.

§ IV.

Sentiment de la liberté.

La liberté est la puissance d'user de ses forces naturelles. C'est, si vous le voulez, l'absence de toute contrainte artificielle ou extraordinaire.

Tous les êtres pensans chérissent la liberté, parce qu'ils craignent les maux que peut leur infliger celui qui les tient en esclavage, parce qu'ils sentent que pouvoir ce que l'on désire, c'est pouvoir s'attribuer le plaisir, c'est la porte du bonheur.

Les passions, les opinions, les mœurs, la constitution des hommes et des peuples, font qu'ils prisent plus ou moins la liberté, qu'ils la sacrifient volontiers pour certains autres biens, ou qu'ils la préfèrent à tous.

Voyez l'infortuné volatile qui craint tout, et qui a tout perdu. Une main perfide l'étouffe en croyant le caresser; une cage odieuse captive ses mouvemens, s'oppose à son vol, enchaîne sa vivacité; un air corrompu l'environne, l'alourdit, l'affaisse; il a perdu ses amours, le spectacle réjouissant de la campagne, cet atmosphère pur et subtil où il se livrait à son aise à mille jeux, à mille mouvemens divers; il a perdu tous les biens, et éprouve des maux cruels; il en craint à tout moment de plus terribles : voyez-le s'élancer avec rage contre les parois de sa prison, voyez-le, sombre et découragé après d'inutiles efforts, occuper tristement un coin de sa cage, l'air affligé, morne, humilié, sans espoir, trembler au plus léger mouvement, refuser la nourriture; il ne se livre plus chaque matin à l'expression d'une joie naïve, il est muet, immobile; son plumage est hérissé, la maigreur le défigure; ses graces, sa vivacité, sa gaîté, sont passées. Vous le verrez toujours accablé par l'épuisement ou exalté par le désespoir, jusqu'à ce qu'une mort désirée ait fini ses maux, ou que l'habitude et le temps, par qui toute sensibilité s'émousse, aient fait succéder l'apathie, le calme et l'oubli aux sensations douloureuses qui l'ont déchiré.

Tel est l'homme qui a perdu sa liberté.

§ v.

De la paresse.

La paresse du corps et de l'esprit tiennent à beacoup de causes permanentes et variables, mais elles tiennent aussi beaucoup à l'habitude.

§ vi.

De l'ennui.

Il est bon d'enlever à la paresse tout ce qui n'est ni un repos utile, ni une jouissance réelle.

L'ennui procède de l'absence des sensations. Soit que l'inertie soit une manière d'être douloureuse, soit que l'absence de distraction laisse place libre à des douleurs toujours prêtes à nous assiéger, les sensations seules en sont le remède.

Parmi les douloureuses, nous en cherchons pour nous distraire, parmi les laborieuses pour penser.

Pendant le travail moral nous sommes à l'affût d'actes et de sensations qui, sans troubler nos idées ni les traverser, emploient une superfluité d'activité et de sensibilité pour nous tenir en éveil.

De là, le goût du tabac, le goût de s'approcher du feu sans avoir froid ; les uns se grattent, les autres crachent, sucent leur langue, etc ; les tics semblent en procéder presque tous.

L'agitation, la mobilité du genre nerveux qui produisent intensité sur tout ce qui est du ressort de la sensibilité, accroissent ces choses.

§ VII.

Suite.

L'ennui (et je le distingue de cet état maladif qui est la limite des violentes maladies de nerfs, ou l'effet des embarras et des obstructions des viscères), l'ennui, dis-je, est un malaise de l'esprit, inquiétude ou torpeur, agitation chez les imaginations vives, léthargie fatigante chez les esprits bornés. Il naît du défaut d'amusement et d'intérêt : le plaisir l'interrompt ; mais, comme il est lui-même presque toujours momentané, il n'agit sur l'état de l'âme qu'en passant. On ne saurait croire combien l'ennui trompe de gens et détruit de tempéramens par les remèdes qu'il fait entreprendre. On interroge des médecins sur des peines que les plaisirs seuls peuvent dissiper, et bientôt le corps le plus sain succombe à des remèdes donnés pour des maux auxquels il n'est point en proie, victime des erreurs de l'esprit, dont on l'accusait injustement d'être la cause. C'est la plus sotte erreur de croire que des maux qu'on n'éprouve pas physiquement agissent sur l'âme, et qu'alors qu'on digère bien, qu'on dort bien, que les nerfs sont fermes, on doive les ennuis à sa santé. La constitution saine modifie sûrement la vivacité de l'esprit, rend actif, inventeur ou sot; mais elle ne fait rien à la tristesse et au contentement.

§ VIII.

Du remords et du repentir.

Le remords est la douleur produite par le sentiment des maux qui ont suivi ou qui peuvent suivre une faute commise.

Le repentir est le sentiment qui suit le jugement que l'action qu'on a faite est contraire à notre bonheur.

§ IX.

De la froideur.

La sensibilité produit le mouvement ; le mouvement appelle la chaleur. Le repos est l'effet d'une sensibilité faible, et la froideur suit le repos. Voilà une des raisons qui a fait appeler froideur le défaut de sensibilité, et chaleur, la grandeur de la sensibilité générale ou qui est mise actuellement en jeu.

§ X.

Des fantaisies.

La fantaisie est une affection de désir, d'attachement ou de volonté, et même, à la rigueur, de quelqu'autre nature, qui n'est pas extrêmement violente, et qui, surtout, dure peu.

§ XI.

De l'épicuréisme.

L'épicuréisme fait le bonheur de ces hommes

voluptueux, mais calmes, qui sont animés d'une sensibilité douce, onctueuse, poétique.

Il ne peut suffire à l'ardeur, à l'impatience, à l'inquiétude des organisations actives; c'est l'amour, c'est la gloire, c'est l'ambition, qui peuvent seules les assouvir et absorber cette affluence de mouvemens, de pensées et d'émotions qui se forment incessamment en eux et les tourmentent dans l'oisiveté.

§ XII.

De l'espérance et de l'inquiétude.

L'espérance entretient-elle mieux que l'inquiétude?

L'espérance qui tourne en sécurité s'endort; l'inquiétude qui n'est pas soutenue par l'espoir se résigne à la fin et prend son parti. C'est l'alternative et le mélange de l'espérance et de l'inquiétude qui entretiennent l'imagination.

L'espérance et l'inquiétude touchent à des sensations différentes, l'inquiétude allant plus au cœur, l'espérance aux sens et à l'imagination.

Une forte inquiétude se soutient, je crois, plus long-temps dans sa ferveur qu'une vaine espérance.

L'espérance peut tenir l'âme très long-temps dans une situation douce, mais ne peut, je crois, l'absorber et la ravir que quelques momens. C'est un sentiment qui se blase fort vite, s'il a une certaine ardeur.

L'inquiétude mêlée de reproches est bien moins résignée, bien plus active, que celle qui en est exempte.

§ XIII.

De l'admiration.

Les choses qui excitent l'admiration se simplifient et perdent presque toujours à être bien connues.

CHAPITRE V.

De l'observation.

§ 1ᵉʳ.

Science de l'observation et du raisonnement.

Le raisonnement fait savoir les choses qu'on ignore, en les découvrant dans celles qu'on sait. Il fait croire à celles dont on doute, en les montrant dans celles qu'on croit.

C'est le raisonnement par identité.

L'induction conduit des phénomènes à la métaphysique ; la métaphysique est liée à l'abstraction, parce que des modifications classiques sont nécessairement partielles.

L'évidence de raison résulte de l'identité. Celle de fait, et celle de sentiment, résultent des êtres extérieurs ou inhérens à notre être.

L'art d'observer, de raisonner, de découvrir la vérité par l'inspection des êtres, et par la méditation sur les perceptions, doit précéder les lectures scientifiques ; car celui qui se bornerait à apprendre les opinions des autres pourrait devenir un savant, mais jamais un philosophe ;

non seulement il n'aurait point de notions épurées, mais peut-être n'en aurait-il pas de conçues, car, faute de connaître et de savoir étudier le type, il n'aurait point aperçu les objets des idées qu'on lui aurait transmises, et s'égarant sur les expressions, il aurait embrassé des chimères fantastiques, aussi dépourvues de la sanction des philosophes que de la confirmation de la nature.

Les expressions et les idées vagues sont celles dont la signification est indéterminée et inexactement connue. On parvient à les fixer et à les connaître nettement, en analysant avec soin la modification commune à tous les êtres auxquels elles s'appliquent.

Nous établissons des divisions avec différences caractéristiques, puis nous observons les règles, les attributs liés à chaque partie.

L'imitation de la marche qui a précédé le succès, nous apprend la méthode; celle de la marche qui a précédé l'écart, apprend la fausse route qu'il faut éviter; et la connaissance des bonnes et fausses routes s'applique, par analogie, à d'autres sujets.

On s'assure de l'erreur par l'exploration des causes qui, sans le secours de la vérité, ont pu produire l'opinion.

L'analyse fait connaître avec distinction les parties d'un tout, qu'on voyait mal et confusement par l'aperçu simultané ; la recomposition fait apercevoir les rapports de place, de distance, de grandeur, de ressemblance, etc., de ces parties entre elles.

Celui qui étudie par curiosité, poursuit l'intégrité des connaissances ; celui qui étudie pour la gloire de savoir, en poursuit la portion qui s'étale. Quel doit être, à la fin, celui qui sait le plus ? Quelle passion faut-il inspirer à celui qu'on veut rendre savant et philosophe ?

Juger de ce qu'une chose a de commun avec une autre chose, qu'elle a aussi un autre caractère commun, ou une ressemblance absolue, c'est ce qu'on nomme raisonner par analogie, méthode qui ne promet une certaine vérité qu'autant que l'observation nous a appris que la chose présumée est toujours, ou du moins ordinairement, la chose connue.

Cette ambulante méditation qui, appliquant passagèrement l'attention sur mille objets divers, ne prend jamais le temps de les scruter avec exactitude, et vole avec légèreté de l'un à l'autre, sans en découvrir que l'extérieur, peut, par sa présence habituelle, accorder à l'esprit quelques avantages, mais elle lui en enlève plus encore. Elle donne de l'aisance à divaguer, à traiter superficiellement des sujets variés ; mais elle désapprend à fixer fortement l'attention et à compléter l'examen. L'esprit perd sa sagacité, faute de l'exercer suffisamment.

Celui qui médite avec profondeur, qui, même dans le désordre des agitations d'extrà-labour, s'attache à pénétrer, à analyser, à développer les sujets qui s'offrent à lui, rétrécit pour le moment sa matière, mais il élargit ses facultés, et pour s'être contenté de peu, bientôt il pourra prétendre à tout, parce que, par l'habitude de la découverte, de la vérification, il possédera toute la philosophie qui lui est nécessaire. D'ailleurs, les notions qui s'attacheront à sa mémoire, non seulement y seront plus fortement liées, mais seront justes et distinctes.

En raisonnant, on passe du connu à l'inconnu, dans la recherche de la vérité; d'un jugement donné, de plusieurs jugemens donnés, on passe par identité à tous ceux qu'ils contiennent, et, par analogie, à tous ceux qu'ils indiquent avec plus ou moins de vraisemblance : voilà tout le fond du raisonnement qui, joint à l'observation, compose toutes les opérations essentielles de la recherche de la vérité.

La mémoire de la science ne peut se charger que des données fécondes, réelles, que le raisonnement et les opérations intellectuelles ne suppléent pas.

On aura d'autant moins besoin de mémoire, qu'on aura rendu l'esprit plus capable d'y suppléer.

La rigidité à n'admettre que les notions exactes, c'est-à-dire certaines et intègres, qui se puisent assez ordinairement dans l'étude, borne presque les connaissances à des vérités identiques, et en retranche la plupart des notions applicables à la pratique.

Il faut donc, en tendant à l'exactitude là où elle est possible et d'une utilité dominante, savoir chercher, admettre et employer les notions inexactes, tout en se rendant compte de ce qui manque à leur exactitude, et y ayant égard dans les résultats pratiques.

Sur des données partielles, le raisonnement se construit et l'entendement s'exerce, mais les décisions positives portent sur toute la somme du connu.

La durée des souvenirs dépend de la vivacité de la durée, de la répétition, des impressions qui les ont créés; de la multitude, de la fréquence des sensations qui les rappellent; de la multitude, du retour, de l'intime association des souvenirs qui leur sont liés et les rappellent aussi.

Les souvenirs s'affaiblissent et s'abrègent par les contraires, par la multitude des idées, par leur défaut de liaison et de suite dans leur conception.

Le but dominant de la science est l'art. La satisfaction de la curiosité, quand l'utilité définitive n'en est pas le motif, n'est qu'un avantage accessoire, très subordonné; il en est de même de la gloire vaine qui peut résulter d'une science inutile et de tout autre objet étranger au premier dont j'ai parlé.

L'art résulte immédiatement de la science des vérités positives et concrètes; l'utilité de la science métaphysique consiste donc en ce que, conduisant à la science positive, elle mène par cette route à l'art.

L'utilité de la théorie, c'est de conduire à la pratique.

Les conséquences d'une théorie élevée sont souvent douteuses, abstraites, et manquent de complément pour mener à une exécution possible; souvent elles sont aussi étendues qu'applicables à une multitude de cas, et les théories, enfin, créées par une saine dialectique, et appliquées avec sagesse, offrent de grandes facilités pour l'avancement de la science immédiatement utile et de l'art qu'elle prépare.

Mais en égarant les hommes, en les absorbant sans utilité, en s'appropriant les plus grands génies qui eussent pu porter dans les arts et les sciences positives une lumière avantageuse, en détournant l'étude de son but, et l'esprit des bonnes routes, toutes les opinions métaphysiques qu'on a honorées du nom de théories élevées, ont, peut-être jusqu'à présent, fait aux hommes beaucoup plus de mal que de bien.

Il arrive souvent qu'après que l'esprit a été saisi d'une grande analogie de faits importans, propres à devenir la matière d'un principe, l'inquiétude, la méfiance lui présentent une multitude de faits contraires à la règle, obscurcissent toute lumière, détruisent toute simplicité, et le ramènent, s'il n'insiste avec patience, à l'ignorance par la perplexité.

Ici, comme dans tous les cas qui prescrivent un juste emploi de la sagesse et de la méfiance, le calme de l'esprit, sa patiente sagacité, sont indispensables.

§ II.

Des observations propres ou transmises.

Les observations sont ou *propres*, ou *transmises*. Les dernières sont souvent fausses, et souvent aussi nous les faussons en les recevant par l'intelligence imparfaite des signes.

Les observations *transmises* et les réflexions sur elles, aussi *transmises*, ont pendant long-temps composé la masse principale des données employées par les hommes. Ces données, outre leurs faussetés primitives, s'étaient prodigieusement altérées par les transmissions successives ; quelques hommes s'en sont aperçus par le retour aux observations propres ; ils ont dénoncé leur découverte, et les données admises ont souffert un discrédit qui s'est même étendu, jusqu'à un certain point, sur les données transmises quelconques.

§ III.

Comment l'observation rend habile.

Loin du monde, enseveli dans des réflexions paisibles, dévoué à un travail continuel, on acquiert des talens sans nombre; on les perfectionne, on les multiplie avec un esprit juste et une éducation heureuse : ce régime de vie conduit à une philosophie vaste et profonde.

Mais il est une aisance aux choses du monde que l'habitude et le frottement de la société peuvent seuls donner. Il est une assurance hardie que l'on ne doit qu'à cette extrême certitude de soi-même que donnent l'habitude et l'épreuve, et tout cela ne s'acquiert pas dans la retraite solitaire du cabinet.

Pénétrer tout, se mêler dans un vaste cercle

de connaissances; observer tous les ordres, saisir leurs caractères et leurs tons, se former à tous les personnages et s'initier dans tous les mystères, c'est à la fois faire un vaste recueil d'observations pour la théorie, et se rendre pour la pratique d'une admirable habileté.

§ IV.

De l'observation trop minutieuse.

Mais, vouloir tirer à mesure de chaque observation des conséquences précises, des règles, des produits nets, c'est aller à la subtilité frivole, au chaos, à l'embarras des détails, des contradictions, des incertitudes.

Amassez le savoir, pénétrez-vous-en, formez en même temps, paresseusement et sans inquiétude, des conjectures, des vues, des rapprochemens, etc., laissez le temps mûrir, et vous verrez se former sans peine les théories les plus simples, les plus riches, les plus solides.

La faiblesse de l'esprit rend minutieux, l'audace rend systématique.

La hardiesse sage et instruite mène au juste point; — mais l'instruction décuple les forces, les ressources, la hardiesse, et la sagesse d'un bon esprit.

§ V.

Des préventions.

Les premières impressions font porter des jugemens; de là, l'opinion fortifiée par l'attache de l'amour-propre, au jugement qu'on a porté.

Ces premières impressions sont d'ailleurs vives comme ce qui est primitif, et cette opinion, chère à l'amour-propre, est ultérieurement forte et bien assise, c'est la prévention.

La prévention admise, on recherche ce qui, en s'y accordant, flatte notre sagacité, et réjouit les penchans ou les aversions qui sont éclos d'après elle; ce qui les contrarie, on le tourne, on l'interprète, on l'affaiblit.

Tout ce qui est ambigu s'explique conformément aux systèmes adoptés.

Ce sont quelques raisons de l'importance des débuts, du premier coup-d'œil, en galanterie comme en réputation.

§ VI.

Suite.

Les premières vues enfantent les préventions.

Faire naître une prévention, c'est facile et prompt;
effacer une prévention, c'est lent et difficile.

§ VII.

Des préjugés.

Les préjugés s'effacent lentement aussi : il en est qui passent plus difficilement encore, selon la puissance et l'intérêt de ceux qui les soutiennent ; tels sont les préjugés de rhétorique, de poétique, de grammaire.

Quand j'entends Marmontel, qui péniblement brise un chaînon de toute cette chaîne de superstitions, il me semble voir Locke qui combat longuement les idées innées.... C'était bien la peine de dire cela !

§ VIII.

De l'erreur.

L'erreur est la non conformité des idées aux êtres qu'elles représentent.

§ IX.

De la vérité.

La vérité sans restriction s'obtient difficilement

et rarement; et souvent, dans le cours de la vie, il est avantageux d'user de l'*à peu près* et des probabilités.

§ x.

De la réalité.

Dans les bornes du naturel et du possible, la réalité a une richesse, des singularités, des variétés, des excès, bien au-delà de ce que la spéculation timide et stérile n'en ose et n'en saurait composer. La nature est plus riche que la fiction.

§ xi.

De la moralité des choses.

Il n'est presque aucune chose dont la moralité ne soit relative.

La juste appréciation de la moralité en bien ou mal, grandeur ou petitesse, est une des premières dispositions à la sagesse, à la vertu. Mais combien de science et de philosophie pour la produire, et combien, avec cela, de tact, d'exercice, pour en donner l'aperçu rapide !

Enfans de l'habitude, et dépourvus d'étendue

d'esprit, la plupart des hommes ont des penchans étroits et bornés, et, faute de connaissance des autres hommes et des objets qui les touchent, faute de notions des grands objets et de leurs rapports avec le bonheur de l'humanité, ils ne jugent la moralité que par ce qui convient ou répugne à leurs petites passions, bornées, aveugles et individuelles.

§ XII.

Du bien et du mal.

Il y a dans les personnes et dans les choses un mélange de bien et de mal, et dans ce bien et dans ce mal, une variété relative à laquelle nous avons rarement assez d'égard dans nos jugemens. Avons-nous aperçu du bien ou du mal, nous sommes disposés à croire que tout est bien, ou que tout est mal; et ce qui est bien ou mal, par rapport à nous, nous le jugeons bien ou mal absolument.

§ XIII.

De l'extraordinaire.

Beaucoup de gens aiment à croire à l'extraordinaire, au surnaturel, au forcé.

Beaucoup d'autres mettent de la prétention à s'en méfier.

Il est rare qu'on se prononce sur les raisons saines, sans passion et sans prévention.

En général, sur ces choses, il y a presque toujours à rabattre des rapports, des démonstrations, des apparences; il y a peu à compter sur la durée.

§ XIV.

De la curiosité.

La curiosité est l'habitude du désir de connaitre.

Si cette définition paraît pédantesque au frondeur qui argumente toujours du défaut de forme, lorsqu'il ne peut dénigrer le fond, elle est juste et brève; c'est à mes yeux le point important.

§ XV.

Des jugemens selon le degré d'instruction.

L'homme instruit et connaisseur, ne prise, n'admire, ne goûte qu'à concurrence du mérite des choses; son sentiment marqué avec plus ou moins d'assurance et de certitude, est relatif au jugement que réellement il porte. La démonstration des sots, au contraire, n'appuie nullement sur cela; souvent ils craignent en approuvant de ne pas paraître assez fins juges; souvent, d'après un sourire du connaisseur qu'ils observent, ils font éclater l'enthousiasme, toujours inquiets de leur contenance, guidés incessamment par le désir de paraître ce qu'ils ne sont pas, ou de cacher au moins ce qu'ils sont.

La conduite des gens demi-instruits est autre encore, ils sont décisifs, hardis en leurs jugemens.

Le premier écoute l'avis des autres pour y avoir tel égard que de raison; le deuxième l'épie pour le voler ou le contredire, selon les réputations; le troisième n'en fait nul cas.

Il est inutile d'ajouter que tout cela est soumis aux restrictions.

La saine dialectique enseigne le doute, et éloigne les décisions tranchantes; aussi la grandeur des vues enseigne-t-elle la modestie; ces qualités aimables de la société, présentées comme elles doivent l'être, loin de rabaisser le mérite ultérieur, le montreront dans toute son étendue.

§ XVI.

De l'imitation.

L'homme est imitateur, borné, coutumier, timide, envieux, attaché à son petit bien, animal d'habitude.

Et voilà ce qui, dans la carrière des beaux-arts, a mis les lois tyranniques, les exclusions, les imitations, les limites étroites à la place des vues du génie, des appréciations du tact, des conseils de l'expérience et de la raison!

§ XVII.

Suite.

Nous sommes comme l'enfant qui, au retour du spectacle, déclame des vers qu'il n'entend pas; le ton chantant, l'attitude extraordinaire, le geste agité de l'acteur, l'ont frappé; il les imite, et il croit que tout l'art est là.

Aussi nous faisons, nous disons sans cesse, par imitation, par l'habitude des choses que nous ne sentons, que nous n'entendons, que nous ne raisonnons pas, et que nous altérons, comme l'enfant altère les sons imitatifs d'un sentiment qu'il ne peut, ni éprouver, ni connaître.

§ XVIII.

Du monde.

Le monde rétrécit les idées, et tue le génie en même temps qu'il donne le goût.

Le monde et l'univers sont deux républiques : on ne peut être bon citoyen de l'une et de l'autre, à moins d'être à-la-fois deux hommes.

Un grand vice pour le mérite personnel en France, c'est que l'amour-propre n'y considère la plupart du temps que le rang que chacun occupe dans la société du monde.

Un autre vice, c'est que les récompenses y sont confondues par la main qui les dispense, et les tributs de l'opinion s'égarent sans cesse, parce que la nation est inconséquente, ignorante, irréfléchie, enthousiaste, systématique.

§ XIX.

Des gens du monde.

Les gens du monde mettent ordinairement une grave importance, un grand sérieux à leurs petits intérêts, à leurs querelles, à leurs ligues, à leurs cailletages de société. Ils les traitent avec beaucoup d'art et d'attention.

La plupart des hommes, à cet égard, y sont femmes.

Ces gens ne voient rien d'aussi beau que les puérilités de leurs mœurs et de leurs lois.

Le monde a un goût qui, à bien des égards, ne

conviendrait qu'à lui, et il veut assujettir à son goût jusqu'aux choses que le goût ne doit pas juger.

§ xx.

Différences d'être entre les peuples et les personnes.

Notre existence française est toute extérieure, dissipée.

Tel autre peuple se livre à une existence spéculative, contemplative, intérieure, mélancolique.

De là, notre imagination ne se compose que d'objets réels, ordinaires, intéressans à la pratique de la vie.

Cette différence entre les peuples s'établit entre les personnes par les mêmes causes de naturel, d'habitude et de situations.

Les mêmes circonstances qui vous donnent les dispositions à traiter un genre, vous donnent aussi celles à le goûter, à le sentir, à l'apprécier, à l'aimer.

Mais, poursuivies par la mélancolie, les personnes du deuxième genre, par un sentiment de mal aise et d'inquiétude, se porteront parfois systématiquement au premier; ce qui ne sera pas réciproque, car les personnes de celui-ci sont, pour le plus grand nombre, incapables d'entendre et de sentir l'autre, et, généralement, de le savourer et de le soutenir long-temps.

Le traitement des affaires est la cause qui nous prive le plus promptement de la deuxième faculté et détruit bientôt avec elle toute supériorité de génie.

La dissipation et l'effort d'un travail forcé détruisent tout ce qu'il y a d'intérieur, de naturel, de spontanément conçu ; notre esprit devient une machine active et cesse d'être une matrice de fermentation ; nous acquérons la capacité, nous perdons le génie.

§ XXI.

Empire et progrès de la raison en France.

Aujourd'hui, celui qui brille le plus dans le monde est celui qui a raison ; il s'agit moins d'entortiller avec grâce des phrases qui ne renferment rien, de répondre subtilement à de bonnes raisons, il faut être lumineux. La philosophie et l'utilité réelle ont pris un tel crédit dans les opinions actuelles, que celui-là est le plus honoré, qui nous mène plus directement à la raison.

Je ne prétends point dire que cette gloire ait

fait disparaître toutes les autres, mais elle a grandement partagé leurs avantages. Je dis encore moins que le grand nombre ait pour ces qualités une véritable estime, mais il les loue et les recherche par imitation, par mode, par vanité.

Autrefois, dans le monde, il fallait être frivole, le paraître, s'en honorer; aujourd'hui, on y apprécie plus les biens nécessaires, les objets importans; on ose le laisser voir, en parler sans ironie, effacer par leur comparaison l'éclatant oripeau qu'on leur préférait. Le discernement, la philosophie, les connaissances utiles font beaucoup même à la réputation de société. On peut briller en parlant agriculture, mécanique, sciences, philosophie; on ose préférer la liberté, l'aisance, la commodité, au savoir-vivre malentendu et aux raffinemens inutiles; on distingue la valeur des choses, et jusqu'aux frivolités qu'on aime. On se rend compte de leur prix.

La politesse réduite à ce qu'elle a de liant et d'agréable, l'indignation rendue à la méchanceté reconnue, la franchise et l'égalité substituées à l'art de mentir sans tromper, et d'autres grands avantages suivent le regard philosophique que la société semble avoir porté de concert sur les moyens de se rendre heureux.

Mais tout cela ne porte guère que sur ce qui est apparent; c'est une réforme de l'étiquette, un détournement de l'affectation; une direction nouvelle aux prétentions, un aliment plus fin et plus savoureux à des passions semblables dont le goût, devenu, ou blasé ou plus difficile, a besoin qu'on change ses mets. On n'en est pas moins frivole dans ses goûts, ni moins faux dans ses protestations, ni moins rempli de prétentions puériles et de cette vanité, le passe-temps nécessaire des gens du monde émoussés ou trop oisifs. Si ces passions se mitigent, si, comme je viens de le dire, elles sont mêlées d'autres passions, telles que la curiosité qui suit quelquefois les prétentions à la philosophie, telle qu'une plus grande justice de sentiment et de penchant, née du plus exact discernement des objets; ces variations du caractère ne modifient que le moins grand nombre et demeurent chez tous bien en arrière des progrès qu'ils auraient pu faire.

Ainsi la direction de la gloire et la tendance de la vanité; ainsi le ton, le dehors, et le costume se sont amendés ou du moins changés. Mais le caractère, c'est-à-dire les passions qui se dénaturent moins aisément, n'ont point avancé du même pas dans la réforme.

CHAPITRE VI.

Des Jugemens à notre égard.

§ I.

De l'opinion qu'on prend de nous.

Les personnes qui nous environnent habituellement, nous connaissent tels que nous sommes, mais le public forme son opinion sur les premiers traits qui le frappent, et une fois qu'il a conçu des préventions ou favorables ou contraires, il faut une longue suite de preuves pour l'en faire changer.

Il est bien plus facile de rendre ces premières impressions favorables et de les entretenir ensuite, que de les faire changer, lorsqu'elles nous ont été contraires.

Le moment où naissent les réputations est celui où le public est le plus disposé à juger avec bienveillance. Comme il est sans préjugé, les premières impressions font le plus grand effet, la surprise et la curiosité les rendent plus vives; aucune inimitié, aucune jalousie ne se sont préparées d'avance à les combattre.

Lorsque les hommes ont conçu de nous une opinion avantageuse, ils sont très disposés à juger toutes nos actions sur l'opinion générale qu'ils ont de celui à qui elles appartiennent. Ils les expliquent d'eux-mêmes, dans le sens le plus favorable et sont même très disposés à leur accorder plus de mérite qu'elles n'en ont.

Une réputation établie, soutenue de temps en temps par des actes qui la confirment, caractérise elle-même tous les autres.

§ II.

Suite.

L'opinion que les hommes ont de nous interprète ce qu'ils en voient, et souvent c'est avec raison.

On cherche une finesse cachée sous les simplicités d'un homme d'esprit.

La simplicité du pauvre est nécessité; celle du riche est goût, négligence.

Et comme nous jugeons diversement les choses, dans divers hommes, divers hommes jugent et interprètent diversement en nous les mêmes choses.

§ III.

Des jugemens du public.

Les choses jugées par la multitude finissent à la longue par être appréciées, — tels sont les livres, — les hommes en vue.

Les choses jugées par un petit nombre le sont ordinairement mal.

C'est une grande vérité que ces faux jugemens, mais c'est une grande pitié comme l'orgueil inepte en abuse.

Les personnes à vues grandes et à imagination conçoivent ordinairement beaucoup plus sur un éloge qu'ils ne trouvent ensuite de réalité dans la chose louée.

§ IV.

Des effets de la réputation.

La réputation de l'homme interpr   ses actions.

Mais pour peu que vous laissiez refroidir son estime, pour peu que vos actions l'autorisent, le vulgaire est facilement tenté de vous ramener à son niveau.

Les idées que les hommes conçoivent de nous sont autant guidées par l'opinion qu'ils ont d'eux-mêmes, par la tournure et l'étendue de leur imagination, que par toutes les observations que nous leur avons fournies.

§ V.

De la renommée.

La mode est une impression d'un effet prompt, bruyant et d'une courte durée. La réputation s'obtient plus lentement, fait ordinairement moins d'éclat, mais s'augmente au lieu de perdre par le temps.

La nouveauté, l'exagération, plus de paroles ou d'apparence que d'effet, l'art de flatter la passion du moment, voilà ce qui produit la mode.

La beauté et l'utilité réelles, plus de consistance que d'apparence, la science profonde des choses, au lieu de l'exagération, l'attachement à la vérité, au mépris de l'erreur dominante, voilà ce qui fait la réputation.

Quoiqu'elles procèdent de causes presque opposées, elles peuvent cependant se réunir ; quelquefois l'effet bruyant du moment est confirmé par un examen plus réfléchi : un grand talent peut s'exercer sur des choses qui sont l'objet de la passion du jour. Souvent les chefs de sectes ont réuni la mode et la réputation; leurs imitateurs, presque aussi admirés qu'eux par les contemporains, ont été oubliés par la postérité.

Il y a des hommes qui ont un moment de mode après leur mort, tout ignorés qu'ils avaient été pendant leur vie; c'est que l'objet dont ils se sont occupés devient, après eux, le sujet d'une attention passagère.

Quant à la réputation, le plus souvent elle ne commence, ou, du moins, elle ne se fixe qu'après la mort : le temps couronne les vues de celui qui avait vécu méconnu, réalise ses prédictions, fait pénétrer la profondeur de ses idées, confirme le sentiment de leurs solides beautés.

Voici quelques exemples :

La plus grande partie de la renommée de Voltaire a été mode.

Rousseau a réuni la mode et la réputation.

Montesquieu est un grand exemple de réputation tout-à-fait dépouillée du mélange de la mode.

Beaumarchais, Linguet, sont des exemples remarquables de gens qui n'ont eu que la mode. Bergasse n'a eu que la mode, et ses ouvrages n'ont rien mérité de plus; mais si son talent eût été mieux servi par les circonstances, il avait assez de fond pour aller plus loin.

Necker, comme homme d'état et comme écrivain, a eu beaucoup de mode, et conservera seulement quelque réputation sous ce dernier titre.

Pour arriver à la réputation en négligeant la mode, il faut, la plupart du temps, une grande force, non pas de talent, mais de caractère ; s'obstiner à des choses que personne n'apprécie ; souffrir d'être méconnu, critiqué, presque méprisé, en dédaignant des applaudissemens qu'il serait facile d'obtenir ; travailler long-temps sans autre support que sa volonté et sa propre opinion ; résister aux vœux et aux conseils de ses plus sincères amis ; s'oublier, soi-même, pour les choses, et, si l'on songe à soi, n'espérer justice que d'un avenir tardif et incertain.

Il faut, pour cela, sans doute plus d'orgueil que d'amour-propre, et même plus de génie que de talent.

CHAPITRE VII.

De l'aptitude aux affaires.

§ 1er.

Talent du conseil.

Le dernier talent qui s'acquiert, est celui du conseil. C'est cette sagesse qui se compose de la maturité du jugement, de la connaissance des hommes, de la prévoyance des évènemens, de la supériorité de la tête sur la fougue et le premier mouvement des passions, d'une grande fécondité d'expédiens et de ressources.

Ce qui fait que des honnêtes gens ont souvent l'avantage sur des hommes mûrs, d'une grande habileté, c'est que l'audace à entreprendre, l'activité, la rapidité de l'exécution, un coup-d'œil simple, mais vaste et juste, remplacent pour eux les moyens d'une prudence consommée ; ceux-ci sont plus durables et plus sûrs, les leurs, d'un effet plus prompt, plus sujet à échouer, mais peut-être aussi plus propre à enfanter de grands résultats.

Quoique le talent du conseil soit en général le fruit lent de l'expérience, on a vu de très jeunes gens y montrer de grandes dispositions, et le perfectionner dans un âge où le commun des hommes ne jouit pas d'une raison ordinaire.

J'ai vu dans les affaires bien des jeunes gens avoir le calme et l'empire sur soi, nécessaires pour atteindre à ces avantages; mais ces qualités sont presque toujours liées à une imagination froide, qui ne peut pas suppléer pour eux à ce que l'expérience ne leur a point appris, et souvent aussi à un défaut d'énergie et de résolution. Ceux qui ont assez d'esprit pour deviner ce que le temps ne leur a pas découvert, ne le possèdent guère sans des saillies d'amour-propre, d'imagination, d'indiscrétion, qui, dans la pratique, détruisent au moins, quant aux conseils, tout le fruit qu'ils pourraient retirer d'une intelligence supérieure.

Il faut tant de choses pour faire un grand homme de conseil, pour que la faiblesse et la timidité de caractère ne le ravalent pas, pour que l'imagination n'exagère point ses idées, et n'entraîne pas sa raison, pour que la grandeur et la multiplicité de ses vues ne nuisent point à leur netteté, et à leur détermination; pour qu'enfin la force du caractère ne lui enlève point cette flexibilité qui fait triompher des évènemens, et arriver au même but par des moyens divers; qu'un tel homme est ordinairement très rare !

Être né avec une âme forte, une grande intelligence, des passions énergiques, une imagination qui accompagne et ne domine pas le reste ; être mûri par le temps et les évènemens ; avoir éprouvé une diversité de fortune qui a ému sans affaisser, voilà la combinaison la plus vraisemblable d'un grand homme de conseil.

Mais le talent du conseil ne suffit pas pour conduire les hommes, il faut une volonté forte et active, et tous les talens de l'impulsion. Il ne suffit pas non plus de savoir, il faut vouloir et imprimer aux autres son mouvement.

§ II.

De l'ascendant dans les affaires publiques.

L'envie et l'inimitié peuvent beaucoup pour tenir éloigné des affaires le talent qui les offusque, mais une fois introduit, elles ne peuvent presque rien pour empêcher qu'il ne les conduise.

Dès qu'il peut agir et parler, du poste où se traitent les affaires, il acquiert, malgré les préventions et les intrigues, le degré d'ascendant qui doit lui appartenir.

Voyez Mirabeau dans l'assemblée constituante, Brissot dans la législature, et Danton dans la convention. Peu d'hommes sont entrés dans les affaires avec autant de prévention contre eux, et leur ascendant n'en a presque pas été diminué.

§ III.

Manière d'exister dans les affaires.

Je distingue deux manières d'exister dans les affaires. Celle des ambitieux, pour qui elles sont un besoin, et celle des hommes qui en sont indépendans.

Combien cette dernière manière serait belle, si elle n'était presque toujours liée à une médiocre capacité !

Se mêler aux affaires est une idée qui toujours flatte, et que, dans la pratique, on trouve extrêmement difficile.

Sans tenir aux affaires par ambition, on y tient par la nécessité de finir ce qu'on a commencé, par le besoin de surveiller l'issue d'une affaire qui nous est glorieuse, si elle réussit, et humiliante, si elle échoue; par les liaisons qu'on est obligé de former pour travailler avec efficacité, et auxquelles, ensuite, on se doit jusqu'à un certain point.

Rarement peut-on faire quelque chose de grand

en un moment, plus rarement encore peut-on le faire seul; ainsi on s'engage avec le temps et avec les hommes, et le caractère le plus indépendant se trouve lié par sa force et sa loyauté même.

Ce qui attire dans les affaires une âme indépendante, c'est l'émulation de faire de grandes choses, et tout ce qui est nécessaire à faire de grandes choses entraîne plus ou moins son indépendance.

Cependant quand l'indépendance est dans le caractère, il est possible d'en conserver encore beaucoup dans la situation.

Indépendamment de la force, ce qui donne l'indépendance personnelle, c'est l'habitude de se suffire, le goût du loisir, de l'étude, des arts, une fortune en bonne proportion avec nos besoins, une grande considération, estime et réputation personnelle, qui fassent qu'on n'ait pas besoin du pouvoir pour s'environner d'égards.

§ IV.

De deux espèces d'hommes dans les affaires.

Dans les affaires on voit essentiellement deux espèces d'hommes, ceux qui songent au but et ceux qui songent à l'effet.

On voit des hommes qui ont une volonté et des hommes qui ont de l'amour-propre.

Les derniers cherchent toujours plus l'apparence que la réalité, le présent que l'avenir, les actions éclatantes que les actions utiles. Ils ne font les grandes choses que pour s'en vanter ; la patience et la longanimité ne peuvent guère leur convenir, je veux dire la patience de se laisser oublier ou méconnaître; elle n'est ni dans leur caractère qui est toujours mêlé d'un peu de faiblesse, ni dans ce besoin d'encens qui les dévore.

Ils seront plus disposés à prendre la volonté du public, qu'à la lui imprimer.

Ils sont souvent, dans les affaires, les instrumens de gens qui ont plus de profondeur et moins de certains talens qu'eux, et qui les font servir à leurs vues en leur donnant le beau rôle.

Ce caractère peut être lié avec l'honnêteté et la droiture. Il est capable de leur sacrifier jusqu'à sa gloire, disons même qu'il est souvent capable de pousser ses sentimens jusqu'à l'héroïsme, c'est la grandeur.

Mais dans les âmes médiocres, ce caractère se lie avec un excès de faiblesse qui, sans être le vice lui-même, est capable de tous les crimes et de toutes les lâchetés. La jalousie envers ses rivaux, l'obéissance et la flatterie envers le pouvoir dominant, ne peuvent inspirer aucune bassesse dont ils nt capables.

§ v.

Usage des hommes dans les affaires.

Il y a dans les affaires l'effet général, et les relations individuelles et particulières.

L'effet général est l'empire du talent, de la capacité mise en action, et aussi des dehors de la bonne conduite.

Quoique l'artifice et l'intrigue influent sur l'effet général, il est vrai cependant qu'elles ne peuvent rien sans un fond de mérite et que le mérite supérieur y peut seul plus que toute autre chose; si l'effet général peut pendant long-temps refuser à la vertu l'éclat qui lui est dû, il est au moins sûr qu'il ne le refuse guère au talent.

Quant à ce que j'appelle les relations particulières c'est tout différent. Il faut pour cela une espèce d'esprit d'activité, de soins auxquels les hommes supérieurs sont en général les moins disposés.

Cependant, si ce genre de moyen est souvent sali par l'intrigue, il peut être très loyal et très pur sans cesser d'être utile, ou plutôt si l'on veut exister dans les affaires, il devient souvent absolument indispensable, même il se combine avec les liaisons d'amitié, de plaisir, de société.

Les bonnes relations ne sont pas les plus multipliées, mais les mieux choisies dans chaque situation.

§ VI.

Des fripons dans les affaires.

Il n'y a aucun fonds à faire sur les fripons. En vain on croit se les attacher par des bienfaits: dès que la fortune paraît balancer, ils vous quittent; une offre plus séduisante vous les enlève; et souvent même, au moment où ils vous paraissent le plus dévoués, ils vous trahissent. On a, tôt ou tard, à rougir de les avoir connus; ajoutez même que s'ils sont susceptibles de quelque attachement suivi, ce n'est guère que pour des gens de leur espèce, avec lesquels ils sont à leur aise, peuvent travailler à leur manière, et se lient par des secrets communs qui les obligent de se ménager.

Les fripons, comme les hommes honnêtes, s'attirent entre eux; on les voit souvent même, en combattant pour la même cause, former des groupes séparés; mais il y a bien moins de solidité dans les liaisons des premiers que dans celles des seconds. Les fripons ne sont guère bons qu'à s'en servir par occasion, sans liaison suivie, leur ôtant, par là, l'activité de nuire, en ne se compromettant point avec eux, et les faisant servir à ce qu'ils sont propres; car ils ne sont point comme les hommes à caractère, qu'on est obligé d'avoir pour ou contre soi.

Que si on est obligé de les employer de suite, il faut avoir des moyens de les tenir dans une dépendance absolue et ne pas cesser de s'en méfier.

Il ne faut point se piquer envers ces gens-là d'une générosité et d'une délicatesse qu'ils ne sentent point, et dont ils chercheront toujours à abuser; mais il faut les conduire par les moyens matériels de l'intérêt, de la crainte, de la surveillance, etc., en général, avec ascendant et sévérité, et seulement modérant l'insulte, suivant l'homme et les circonstances.

Les hommes qui, par ascendant ou par occasion, nous servent contre le fond de leur opinion et de leurs penchans, nous échappent à la première occasion. S'ils ont quelque importance, ce qu'il y a de mieux à en faire est, presque toujours, de profiter du moment d'ascendant qu'on a sur eux pour les placer hors de la chose.

Il en est des hommes comme de tout dans la nature: là où les dispositions sont favorables, un peu d'aide et d'impulsion produit un effet admirable; mais quand il faut créer des dispositions ou contrarier celles qui existent, on fait, presque sans fruit, des sacrifices immenses.

Il y a des hommes qui ne sont point des fripons, et, pourtant, qui ne s'attachent à personne, mais sont toujours à celui qui occupe une certaine position; ils en ont vu passer vingt et les ont servis tous à peu près avec le même zèle. Il faut être bien au-dessus de sa besogne par ses propres moyens pour repousser ces gens-là; on les traitant et les dirigeant bien, on peut même se les attacher, non jusqu'à quitter la place avec vous, mais jusqu'à vous servir avec chaleur, vous conserver une certaine considération dans votre retraite, et désirer votre retour.

Ce qu'on peut faire avec un homme qui a de l'honnêteté, des moyens et une affection naturelle, est inappréciable; il équivaut à ce qu'on ferait avec cent autres : non seulement ces hommes-là vous servent bien, mais ils vous honorent par leur propre conduite et par l'estime particulière qu'ils s'attirent.

Donner de l'emploi à des hommes ambitieux, intrigans, entreprenans, rivaux, qu'on ne peut se flatter de retenir dans le cercle qu'on voudrait leur prescrire, c'est leur donner le moyen de faire beaucoup de mal et souvent de vous détruire.

Souvent on prend ces hommes-là par le besoin

qu'on croit avoir de leurs moyens, et plus encore par la crainte de les avoir pour ennemis ; mais si l'on n'a pas l'espoir de se les attacher ou de les maîtriser, on doit être sûr qu'ils nous feront toujours plus de mal en dedans de nos affaires qu'en dehors.

Avec des hommes probes, on peut faire des traités pleins de franchise, par lesquels on les neutralise, ou on les met pour soi, non pour tout et pour toujours, mais pour une certaine chose et un certain temps.

Il y a des situations où les fripons s'attachent naturellement à nous, et où, de voir un homme devenir notre sectateur, c'est un grand motif de méfiance.

§ VII.

Des Praticiens.

Les praticiens ou gens de procédure, sont méfians et peu disposés à adopter les innovations, ils sont peu propres aussi aux grandes affaires.

La méfiance, la circonspection, que la législation a mises dans toutes leurs fonctions, a passé par habitude dans leur caractère.

§ VIII.

De l'esprit de chicane.

On remarque l'esprit de chicane dans certains peuples libres; ainsi, la ténacité à soutenir les droits; l'amour et la confiance en la loi; — l'opiniâtreté du caractère, l'étude et l'occupation d'esprit appliquées à la loi.

Le commerce, ses spéculations vastes, ses gains énormes, son cours rapide, ses mystères, éloignent de la minutie, de la lenteur, de la publicité des voies judiciaires.

Ainsi chez les peuples commerçans la justice doit être plus sommaire, plus brève, les tribunaux moins fréquentés, et il ne serait pas étonnant qu'on plaidât moins en Hollande que dans les États-Unis d'Amérique.

L'oisiveté inquiète, le caractère opiniâtre, volontaire, tenace, l'ignorance des grandes vues, des grandes voies de fortune, la demi-connaissance des lois, les dispositions à l'astuce, à la mauvaise foi, sont dans les nations, les provinces et les hommes, les qualités ou plutôt les défauts qui les disposent le plus souvent à la chicane.

§ IX.

Des gens de lettres et des savans en place.

Les gens de lettres et de science en place sont en général les fats les plus insupportables; ils n'ont point la supériorité généreuse des grandes réputations, mais la morgue d'une présomption froide et l'inquiétude de l'amour-propre méfiant.

CHAPITRE VIII.

Des ridicules.

§ 1er.

Des ridicules proprement dits.

Il y a trois ou quatre choses qui ont usurpé presque tout l'empire du ridicule ; savoir :

Des prétentions à ce qu'on n'a pas, la gloire des petites choses, la vanité inquiète et méfiante, une passion odieuse ou dupe.

L'audace, la confiance, l'originalité, la suffisance ôtent le ridicule à beaucoup de choses.

Le ridicule s'attache principalement aux faiblesses d'esprit, de caractère et d'amour-propre; rien n'éloigne la considération comme ces choses.

Il s'en faut de beaucoup que les personnes qu'on arguë d'être ridicules, soient celles qu'on trouve telles.

Le mal réel, fait volontairement, ne peut être excusé que par la riposte; et il faut qu'elle soit noble.

La méchanceté toute légère, et le ridicule fâcheux, veulent toujours être mérités.

Remarquez que les simples prétentions méritent toujours assez le ridicule qui n'attaque qu'elles; considérez aussi pour les choses frivoles, que dans certains cas, le monde est une arène de niches et d'espiégleries.

Donner des ridicules, y mettre de l'importance, c'est un grand moyen de se faire haïr, même de ceux qui n'en sont point frappés, attendu qu'ils en craignent autant pour eux.

§ II.

Suite.

Le ridicule est dans le monde l'âme de la gaîté; c'est lui qui, caché sous cent formes différentes, nous réjouit dans autant d'objets par une flatterie indirecte. C'est la vanité, chatouillée par le ridicule qui imprime au diaphragme ce mouvement alternatif et convulsif dont la trachée artère reçoit ces bouffées de vent qui meuvent son ouverture supérieure et produisent ces sons interrompus et précipités, signes d'une joie particulière. Car tout autre plaisir émeut, dilate, fait sourire et imprime aux organes une agitation voluptueuse; mais le rire n'y est pas mêlé, et si souvent il vient à les suivre, c'est que la sensibilité alors plus vive, la machine assoupie par l'expansion de la jouissance, se prêtent avec plus de facilité à l'émotion physique qui accompagne l'aperçu du ridicule.

§ III.

Des caprices.

Le caprice est une fantaisie dont les motifs ne s'aperçoivent pas aisément ou du moins paraissent singuliers.

§ IV.

Du petit-maître.

Un petit-maître était, il y a quelques années, dans le monde, un personnage de quelque importance. Cet homme se piquait d'exceller dans tous les talens frivoles, et quelques-uns demandent de l'esprit. Il connaissait parfaitement les femmes et ses contemporaines en particulier; leurs passions, leurs habitudes, leurs mœurs, tous les ressorts de leur âme étaient à découvert pour lui; il avait le goût d'une délicatesse extrême ; il savait discourir sur tout avec grâce, donner du corps, de la consistance aux idées les plus légères, et présenter quelquefois des choses graves ou sèches sous une forme riante.

Son caractère n'était point aussi séduisant que ses talens; il était pour l'ordinaire le modèle des fats de tous les états ; il était esclave d'une vanité frivole, auteur de procédés crians, et grand ennemi de la réputation des femmes; il affichait le désordre avec un éclat fait pour lui donner des partisans ; mais le bon sens public a jeté du ridicule sur ce caractère, le goût des études sérieuses l'a fait abandonner.

§ V.

Le méchant par air.

Ce caractère qui, par le contraste piquant de ses effets, plairait infailliblement sur la scène s'il y était bien traité, est la combinaison d'une âme sensible, portée au bien par l'instinct et d'un certain système d'idées qui pousse à faire le mal par vanité, pour faire preuve d'esprit, de goût moderne et de philosophie.

Amoureux, il tremble qu'on ne croie qu'il aime;

il estime sa maîtresse, et il en médit pour paraître dégagé de cette duperie de croire à la vertu des femmes. Son cœur lui parle pour elle, mais le bon ton, la vanité et la philosophie exigent qu'il la sacrifie. Indiscrétion, outrage, abandon, il lui fait tout essuyer, et plein d'elle encore en la quittant, il se gronde de l'adorer.

Il dit que la vertu est un préjugé, l'attachement un calcul, le bien et le mal des conventions. Il se couvre de noirceurs pour prouver qu'il est dégagé des idées communes, au-dessus des règles vulgaires. Mais sensible à la pitié, à la confiance, à l'estime, à l'attachement, il a besoin pour mal faire de se rappeler ses principes, et le premier mouvement le trahit toujours.

Enivré de la suprématie qu'il s'accorde, il se moque de tous les hommes qu'il considère comme des enfans infatués des contes de leurs bonnes. Il est infatué lui-même de ses travers, se dit philosophe, calomnie son siècle en lui rendant hommage de ses lumières, et méprise tout, hors quelques hommes auxquels il prête des opinions dont ils frémiraient. Vous êtes à cinq cents ans, dira-t-il, à qui lui parlera de devoirs, on rit aujourd'hui des hochets de nos bons ancêtres ; il n'y a plus de droit que la force et de devoir qu'un acte violenté.

Cet homme-là est trompé par tout le monde et il ne nuit à personne ; on s'en méfie, on s'en pare et on le vexe; il perd inutilement sa réputation, et les vrais méchans qui le déchirent, abusent encore et de son discrédit pour le battre sans pitié, et de sa molle facilité pour le gruger en l'outrageant.

Jeune, il a été entraîné par la fausse gloire et les exemples pervers; il a assez réfléchi pour apercevoir l'abus des opinions, pas assez pour pénétrer le réel des choses. Il a réduit au néant des vérités qui ne sont que mal offertes ou tronquées. Mais trop tendre, trop faible pour ne pas être entraîné vers ses semblables, il ne peut être méchant sans regret; entraîné au mal par la vanité, il ne peut être dangereux, parce qu'il ne veut et ne saurait pas dissimuler.

§ VI.

Du fat.

M. Desmahis a donné sur ce mot des idées variées, amusantes, justes, et élégamment exprimées. Mais a-t-il fait entendre ce que c'est qu'un fat, quel est au vrai le génie de ce mot, quel est le fond de ce caractère? a-t-il dépouillé, généralisé cette idée? ô mon Dieu non.

Un fat est un homme qui joint la présomption

à l'impolitesse. Disons-mieux, qui a conçu une haute opinion de lui-même et qui ne cherche point à la cacher. Je ne sais même si cette dernière condition est bien nécessaire et si la simple présomption poussée à un haut point n'est pas ce que nous appelons fatuité.

Un fat sera poli, dira-t-on, moins pour cela peut-être qu'il est un fat : je ne sais. Je laisse la question à des puristes, mais le caractéristique du fat c'est la présomption qui se laisse voir. Je crois que tout le reste est accessoire.

Un petit-maître n'est point un fat, mais d'ordinaire il ne tarde pas à le devenir. Un petit-maître est un homme qui poursuit les femmes par vanité; qui chérit la gloire frivole qu'on rapporte de leur conquête; applaudi par ses amis, avec qui il passe la vie, enivré du succès qu'il s'exagère, comblé d'éloges dans les ruelles, il ne peut que devenir bientôt un fat.

Les petits esprits admirent un fat; ils jugent de son mérite par l'idée qu'il paraît en avoir lui-même, car les petits esprits jugent à l'ordinaire sur parole, mais en général les hommes sont vains et la fatuité les offusque parce qu'elle les humilie; unie aux grands talens elle est un défaut, un vice léger; dans un homme médiocre elle est ridicule.

§ VII.

Du frondeur.

Le frondeur est l'homme qui, quelquefois par tempérament, plus ordinairement par ton, ou par vanité, n'approuve rien, renvoie tout à l'absurde et saisit toujours l'opposé des opinions réunies ; jamais il n'examine, il a trop à faire à condamner; le désir de dire un mot plaisant ou de renverser avec supériorité ce que le vulgaire adore, lui fait toujours sacrifier la vérité. C'est là l'éternelle et plate tournure de tout ce qui prétend au brillant. M. de Montesquieu n'en fut point exempt dans son livre inimitable des *Lettres persannes*.

§ VIII.

De la pédanterie.

La pédanterie est l'affectation du savoir : elle déplaît parce qu'elle annonce des prétentions, parce qu'elle humilie l'ignorance, parce que tout ce qui est affectation fait présumer la fausseté et excite la défiance.

CHAPITRE IX.

Règles et esprit de conduite.

§ 1er.

Des maximes de conduite.

La plupart des maximes de conduite ne sont point des lois faites et immuables, ce sont des conseils d'un usage ordinaire, susceptibles d'être modifiés, combinés, mitigés, suivant les variétés des circonstances, d'après les lumières et le tact d'un esprit juste, étendu, etc.

Mais les livres et les remèdes en médecine ne guérissent pas sans médecins; ainsi les lois ont besoin d'être appliquées par des juges éclairés ; et, dans une multitude de choses humaines, la bonté des institutions est peu, sans l'habileté de ceux qui les font agir.

§ II.

De la sociabilité.

La sociabilité se divise en plusieurs branches principales qu'il est utile de distinguer.

La séduction du cœur : intérêt, sensibilité, commerce sûr.

La séduction d'esprit : art d'amuser, gaîté, flatterie.

La bonhomie, j'emploie ce mot faute d'autre plus général, pour exprimer ce qui met à l'aise, éloigne les obstacles : simplicité.

Si la sociabilité se trouve à peu près comprise dans cette énumération, elle est loin de former seule cet ensemble de qualités nécessaires pour vivre avec succès au milieu des hommes.

§ III.

De l'observation de soi-même.

Observez-vous sans cesse pour connaître l'homme ; étudiez les variétés de votre manière d'être physique, et l'influence de chacune d'elles sur le moral, la conduite, les facultés et les passions.

Chacune de ces variétés pourra être l'état constant de quelques hommes, et le caractère momentané que vous en recevez, leur caractère habituel.

Ce que vous serez dans certaines situations, les autres hommes, avec des circonstances ordinairement semblables, pourront l'être habituellement aussi.

§ IV.

Du discernement.

Savoir discerner le bien, le soutenir avec constance, avec force, avec habileté ; c'est avoir le génie protecteur des hommes.

§ V.

Ce qui fait aimer et estimer.

La bonté, l'amour du plaisir, l'indulgence, le commerce sûr ; savoir être aimable sans nuire ; point de rigidité hors de propos : voilà ce qui fait aimer.

Garder pour soi son opinion, c'est bien souvent honnêteté, toujours prudence ; si votre jugement est connu pour habile, cela ne le dégrade pas plus que la modestie bien placée ne dégrade vos qualités.

Oui, il faut être redoutable, mais pour ceux qui nous en fournissent motif, et pourvu que le motif soit réel et suffisant. Une misérable pointillerie, en vous rabaissant, éloignerait de vous tout le monde.

On ne plaît sans âme qu'aux gens sans âme.

C'est un grand point d'être à propos rigide et déterminé, à propos flexible et indifférent.

Les personnes à réputation ont presque tout fait pour leur avantage, quand elles ont appris à ménager l'amour-propre.

Cette délicatesse du cœur, de l'âme élevée, du bon naturel, qui ménage avec les plus exquises nuances, leur sied et leur réussit parfaitement.

Le sentiment d'eux-mêmes, la dignité du caractère, ces manières qui disent : « Je ne songe point à ces avantages que le monde m'attribue et dont il me croit peut-être ennuyé ; je les cultive sans m'en enorgueillir ; mais j'ai la dignité de l'homme ; » ce sentiment qui en les ennoblissant les rapproche cependant des autres hommes, leur attire tous les suffrages dignes d'être comptés.

En un mot, ne pas blesser l'amour-propre, ne pas dégrader son caractère ; autant de dignité dans l'âme que d'indulgence dans l'amour-propre. — Telle est leur vraie politique, d'autant plus efficace qu'elle se trouve moins dans la situation où ils sont placés. Car telle est la nature de l'amour-propre que, dès qu'il trouve à s'étendre, en peu de temps il domine, il étouffe toutes les plantes rivales qui végètent autour de lui dans le cœur humain.

Mais ces conditions observées, combien d'avantages de tous genres, de facilités, auprès du moins, de tout ce qui a quelque chose d'honnête dans le cœur !

Joignez de la prudence et du savoir-faire, sans improbité ni bassesse, et vous serez aimé et estimé.

§ VI.

Du respect des hommes.

Ayez pour fond le respect de l'humanité.

Pour le traitement sérieux, les seules différences d'un homme à un homme sont dans le cœur ; le cœur donne seul le droit d'humilier et de mépriser.

Je déteste autant que la dureté cette bonté pour les hommes qui ne respectent pas les hommes.

Il y a un traitement unique avec la vertu, c'est la confraternité.

§ VII.

De la justice.

La justice est l'intention et l'action d'observer

et de faire observer avec exactitude les lois et les conventions qui sont le lien de la société.

§ VIII.

Suite.

Ambitieux, sois juste, car la justice fait aimer du faible; elle fera désirer ta puissance à celui qui n'y prétend pas, et le jaloux t'aimera mieux qu'un autre pour supérieure.

§ IX.

Du devoir.

Le devoir est ce qui est ordonné par la conscience.

La vertu devient devoir lorsqu'il y a une loi qui l'ordonne.

La loi est une institution qui oblige à agir ou à ne pas agir d'une certaine manière. Ces actes ou ces privations sont appelés devoir par ceux qui l'établissent et par ceux qui s'y soumettent

Ce qui est d'une utilité générale est censé ordonné par une loi tacite, et sous ce point de vue on le considère comme devoir.

§ X.

De l'honnêteté.

Pratique d'honnêteté entraîne sécurité, repos. Elle est chère aux personnes paresseuses.

Celui qui se propose de faire le mal toujours en secret, — de mériter le blâme et cependant de conserver l'estime ; — celui-là, dans la présomption de ses facultés, entreprend une tâche qui lui prépare mille peines, et qu'il ne remplira pas long-temps.

§ XI.

De l'honnête homme.

L'honnête homme n'humilie jamais, et de son côté il ne présume point qu'on songe à l'humilier, ce qui, avec toute délicatesse, le garantit de pointillerie : il a le tact, par honnêteté et respect de soi-même, de ne jamais se mettre dans le cas d'être justement et même vraisemblablement offensé ; mais si, toutes ces conditions remplies, l'offense arrive encore à lui, il la repousse toujours vigoureusement avec les convenances que le cas indique.

§ XII.

De la délicatesse.

Le cœur a sa délicatesse, les sens ont leur délicatesse, l'amour-propre, l'esprit et les autres facultés sensibles ont aussi leur délicatesse passive, que la délicatesse active consiste à ne pas blesser.

§ XIII.

Avantage de la vertu.

L'homme reconnu pour juste, n'inspirant ni méfiance ni crainte, éprouve peu d'opposition dans ses vues.

L'homme réputé vertueux a un protecteur qui le défendra dans de grandes crises.

§ XIV.

De l'estime pour les autres.

Ouvre les yeux sur toi-même, et tu apprendras l'indulgence.

Le respect de l'humanité est le sentiment d'un cœur élevé.

Mais combien il s'en faut que l'observation apprenne à respecter et à estimer les hommes en détail. Heureusement qu'elle apprend encore moins à les haïr. Un caractère calme et élevé ne trouve presque jamais à haïr.

La chose du monde qui demande le plus de caractère c'est l'honnêteté, car tout semble pousser à l'opposé.

§ XV.

Des titres à la considération.

La voie de la considération ce n'est pas de n'avoir point de faiblesses, mais c'est d'avoir la force de les vaincre et de les cacher.

§ XVI.

De la vraie gloire.

La vraie gloire n'est pas l'amour du pouvoir, mais l'amour de l'indépendance, de la justice et du bien.

§ XVII.

De l'exemple.

Quel mobile des actions que l'exemple! il fait songer, il tente, il donne de l'émulation, il autorise, il excuse, il dissipe la crainte et le doute.

§ XVIII.

Du naturel.

Un naturel sain prend presque toujours dans chaque situation l'attitude qui convient le mieux à lui et aux circonstances. Si la réflexion et la volonté veulent changer ce que lui inspire le tact du moment, il est rare que ce ne soit pas en pire.

J'ai vu des hommes doués d'une véritable bravoure, la rendre douteuse par leur forfanterie.

J'ai vu des hommes livrés à une douleur sincère, s'approcher de la faiblesse et de l'hypocrisie, par des démonstrations que la nature ne demandait pas.

Combien d'hommes et de femmes surtout, se couvrent de mille ridicules en jouant la surprise, la frayeur, les éclats de rire, l'excès de la sensibilité, sur des choses dont ils n'ont point été fortement émus et dont réellement il n'était pas à propos de l'être.

§ XIX.

Des dispositions naturelles.

On réussit plus facilement à favoriser la nature qu'à la contrarier.

Voulez-vous être aimable, attachez-vous aux talens, aux moyens de plaire auxquels votre manière d'être vous rend propre.

Si vous avez la voix rauque ou fausse, vous plairez difficilement par le chant.

Voulez-vous être heureux, cherchez les biens qui s'accordent avec les penchans que vous tenez de l'organisation, ou des traces profondes de l'éducation.

Voulez-vous être sage, choisissez de préférence les maximes dont votre caractère favorisera l'exécution.

Voulez-vous être habile en votre profession, prenez celle à laquelle vos dispositions vous rendent apte.

Modifier sa manière d'être, cela est sans doute possible, peut-être même facile pendant les premiers ans ; l'adolescence passée, les grands changemens sont pour l'ordinaire si difficiles à effectuer, que la peine d'une pareille entreprise surpassera presque toujours les avantages qu'on s'en peut promettre.

Les bornes des facultés humaines indiquent la nécessité des choix.

§ XX.

De l'oubli de soi-même.

Il y a une multitude de charmes dans les personnes qui s'oublient.

S'oublier véritablement, serait bien souvent la plus grande des duperies, mais s'oublier en apparence, sera presque toujours la première des grâces.

S'oublier, n'est souvent pas se méconnaître, c'est faire abstraction de tout cela.

§ XXI.

De l'insouciance.

Une des grandes qualités de la société, c'est cette frivole insouciance qui ne met d'importance à rien, qui cherche en tout ce qui amuse, éloigne les sujets ou le côté important des choses.

Cette qualité, liée comme elle l'est souvent à des sentimens blasés et à l'impudence, passe les bornes, amuse, embarrasse et trouble parfois la société; elle se fait admirer des sots qu'elle subjugue, et mépriser des honnêtes gens qu'elle respecte ou qui la châtient. Mais liée au caractère, au cœur, à l'esprit sage dont elle n'est que le délassement; réglée par la pudeur, le goût, le jugement, le sentiment, la dignité, fruit d'une sagesse mûre, de l'élévation du caractère et de l'esprit, elle est une des qualités les plus sociales; elle sert de rapprochement aux hommes; elle est une huile douce dans les frottemens de la vie, un délassement à toutes les tensions de l'âme; et quand les ressources de l'esprit, l'imagination et la finesse lui prêtent leurs agrémens, quand le tact d'une sensibilité exquise lui prête ses séductions, elle est la source des amusemens les plus délicieux, les moins fatigans et les derniers qui s'épuisent.

§ XXII.

Suite.

Il est une insouciance qui n'est que le calme

et la paresse d'un caractère élevé, d'un esprit fort, qui, sans se tendre, sans s'émouvoir, ramasse tout ce qui lui est bon, conserve sa vigueur, son action, sa chaleur, pour les choses qui les sollicitent à juste titre.

Il est aussi impossible de trouver un grand caractère sans insouciance, qu'un grand esprit sans paresse.

Ces choses d'insouciance, de paresse, d'abandon, sont souvent unies aux grands esprits et aux grands caractères. Mais combien de gens en font aujourd'hui ostentation, sans avoir ni caractère ni esprit?

§ XXIII.

De la modération dans les jouissances.

La modération n'est pas la science de ne pas jouir, mais la science de savourer les plaisirs qu'on a et d'adoucir le regret de ceux qui nous manquent.

S'exagérer tous ses besoins, c'est la route de l'inquiétude et du mal être. Se passer de toutes les jouissances, c'est la route de la langueur et de l'avilissement de nos facultés.

§ XXIV.

Du dédain des choses de la vie.

Les caractères calmes et paresseux sont très disposés aux dédains.

Il est facile de se mettre au-dessus des choses dans la pensée et dans le sentiment; mais dans la conduite, les choses vous ramènent sans cesse à elles et vous forcent à vous en occuper.

§ XXV.

Du choix dans une situation.

Le jeune homme, vacillant en ses spéculations, s'éprouve et se fixe par l'expérience. Il choisit dans le monde les objets de ses passions; il y détermine son caractère comme on choisit à l'essai, dans le magasin, le chapeau qu'on veut acheter.

Ainsi, quand Achille eut vu des armes, il connut qu'il était guerrier.

On peut être inconstant toute sa vie pour n'avoir pas rencontré la situation où l'on pouvait se trouver bien. Mais pour l'ordinaire le caractère se forme par habitude à tous les états, comme l'estomac à tous les alimens.

§ XXVI.

Des avantages qu'on apporte dans le monde.

Un nom, un état, une fortune vous introduisent plus facilement dans le monde que le mérite et les agrémens, si une grande réputation ne les précède. Il est une multitude de personnes qui ne sentent que les prémices de ces avantages. Il en est que ces derniers ne font que rendre jaloux. La réputation même, si elle n'est décidément imposante, a besoin d'être pardonnée, autrement, on en profite, pour en punir celui qui la porte, de tout ce qu'il y a de faible en lui.

§ XXVII.

Manière d'être dans le monde.

Plus on voit la société plus on s'y persuade de la nécessité des ressources, du savoir-faire, des formes, du talent des petites choses, de l'art de la guerre et de la politique des riens.

La singularité et l'originalité ne sont point mauvaises chez les hommes qui ont de la consistance, mais si l'on ne sait se plier, se conformer et entrer dans l'esprit des autres, on est presque toujours en dehors.

Il est une finesse, une sagacité pour apercevoir le fond des choses, un tact pour les apprécier et s'y mettre, qui servent dans le monde.

Quoique souvent il convienne à l'honnêteté, à l'agréable et à l'utile de ne pas se mêler dans l'intérieur de la société, il est certain qu'on ne recueille rien dans le monde, ni instruction ni avantage, ni plaisir, si l'on ne sait y pénétrer et y jouer son rôle.

Toute l'honnêteté du monde n'est rien sans point d'appui : le premier soin doit être de s'en créer ; l'un le trouvera dans sa fortune, — un autre dans sa place, — un autre dans son amabilité, — un autre dans sa voiture, — un autre dans son génie, — un autre dans sa loge, — un autre dans sa vertu, — un autre dans ses soupers.

Les gens isolés sont impuissans et décrédités ; il faut qu'ils commencent à se faire un cercle d'aboutissans. C'est un établissement long et difficile pour l'ordinaire, et pour lequel il s'agit d'être utile ou agréable à un certain degré.

Quand vous attirez le monde, il ne faut pas le rebuter, et quand vous ne l'attirez pas, il faut le cultiver pour n'en être pas bientôt abandonné. Rien n'est sitôt oublié que les gens dont on n'a pas besoin.

Pour l'utile comme pour l'agréable, il vaut mieux choisir ses connaissances et les resserrer que de les trop multiplier.

La multitude est bonne à connaître, mais il faut s'attacher particulièrement à quelques individus.

Il ne faut pas tant de temps pour faire les choses dans le monde, mais il faut des moyens et de l'habileté.

C'est un grand point que de juger le temps; il y a des choses qui doivent être subites, d'autres promptes, d'autres lentes. Il s'agit de voir juste et de bien maîtriser ses moyens et soi, mais il faut croire aussi qu'on est souvent obligé d'observer les circonstances et de s'y plier.

Les grands effets, les effets prompts, sont presque toujours l'ouvrage du prestige et vont en baissant.

Pour atteindre aux choses, c'est beaucoup et c'est une marche bien noble, que de se mettre à leur niveau.

On éprouve chaque jour le prix de la noblesse personnelle, mais il la faut vraie, aussi éloignée de l'impudence que de la faiblesse et de la bassesse, telle, en un mot, que la nature l'apprend à celui qui réunit la supériorité du caractère, la bonté, la pudeur et le courage.

Les grandes qualités, les grandes actions, les grandes marches ont leur sévérité d'exclusion, et demandent certains sacrifices ; mais elles admettent, elles exigent surtout dans le monde beaucoup de petites choses qui, loin de les détruire, leur servent de revêtissement.

§ XXVIII.

De l'art d'être dans le monde.

On s'introduit dans le monde en y paraissant établi ; allez d'abord non où vous voulez, mais où vous pouvez, vous arriverez plustôt par ce circuit qu'en ligne droite.

Il y a la manière de faire : elle est beaucoup, mais le fond des choses est encore plus ; la réputation, la consistance, etc., vous introduiront plus facilement que mille manéges sans ces avantages.

Ici, comme en tout, ce que vous demandez à l'égoïsme, c'est de ne pas montrer le besoin.

Saisissez le moment où l'on vous accueille, mais avec assurance, sans faiblesse, sans indiscrétion.

En certains lieux, point d'éclat ; que les choses

se fassent sans bruit, naturellement, par occasion... C'est en général la voie de l'intimité... La solennité, la représentation de l'abord se perpétuent. Cependant, de même que dans certains cas, elles sont usage et décence, il est aussi des personnes auprès de qui elles donnent plus de considération, d'éclat, de faste.

On se livre avec les gens sans conséquence.

Mais il est une autre classe de personnes qui ne méritent point le même titre et qui appellent aussi la liberté et l'abandon.

Sans choquer, sans blesser, elles paraissent ne point s'observer, ne point traiter les choses au sérieux, n'être point attentives aux règles, à vos démarches ; tout paraît se faire avec elles incognito et sans tirer à conséquence.

Le point essentiel c'est de ne pas les blesser, et d'être auprès d'elles gais, naturels et amusans.

D'autres formes aussi rapprochent :
La bonhomie ;
La science de l'amour-propre ;
La politesse, l'accueil ouvert.

§ XXIX.

De celui qui vit en lui-même.

Celui qui aura beaucoup vécu avec lui-même,

sera surpris de la quantité d'idées qu'il trouvera chez les autres, et à leur tour les autres seront surpris de l'originalité, de la nouveauté, du caractère naturel, primitif et senti des siennes.

Ils se sont enrichis de la somme des idées sociales qu'ils n'ont point trouvées, qu'ils entendent mal, mais lui, il ne possède que les siennes.

Souvent il sera tenté de se croire un sot, et ils l'appelleront un homme de génie.

§ XXX.

Éviter d'humilier les autres.

La grande voie pour se faire pardonner ses avantages, c'est de ne point humilier ceux qui en sont privés.

§ XXXI.

Du savoir-faire.

Le savoir-faire est du meilleur ton dans le monde, comme de la plus grande importance dans toutes les choses.

Il s'accorde avec les formes prescrites du caractère, en s'éloignant de toute mesquinerie, de toute bassesse. La raison, la justice, la clairvoyance l'autorisent à propos.

L'esprit du savoir-faire ne dépare jamais un homme de société.

Ce qui dépare dans certains cas : c'est de s'en parer, d'en faire usage mal à propos, d'y mettre de l'importance, d'y être trop diligent.

§ XXXII.

De l'économie.

L'argent ne procure rien de vraiment agréable, sans savoir-faire. Le savoir-faire économise toujours l'argent et parfois le supplée.

L'économie est fille de la sagesse, de l'honnêteté, de la fierté. — L'avarice est fille de l'ineptie, de l'insensibilité, de la bassesse.

§ XXXIII.

Du tact.

Le tact souvent ne suffit pas et trompe s'il est seul, car il a ses habitudes, sa paresse, ses vices l'inclination.

La pensée doit donc au besoin l'éclairer, le guider; mais c'est toujours à lui d'approuver, d'exécuter ses décrets, car s'il ne préside à l'exécution, il n'a nulle vérité, nul à propos, nulle hardiesse, et les plus sages conseils tombent sans succès, en l'absence de cet habile guide que rien ne remplace.

§ XXXIV.

De l'art de maîtriser ses émotions.

La bonne manière d'être, n'est point, selon moi, d'être comme le voulaient la plupart des philosophes anciens, exempt de toutes émotions, mais d'avoir le pouvoir de les maîtriser.

Il est certain qu'il faut que la nature ait mis en nous la matière de ces explosions de la tête, du cœur et des sens.

Mais il est certain aussi que le travail sur nous-mêmes nous donne le pouvoir de les exciter, de les contraindre, de les diriger; et cet art, employé pour de bonnes fins, me paraît occuper une des premières places dans les leçons de la sagesse.

§ XXXV.

Conduite à tenir dans certains cas.

Dans les choses où l'on a droit, il est sûrement aussi impolitique que faible de commencer par l'humilité.

Mais il est très souvent avantageux de commencer par la douceur.

Et dans le vrai, à moins que le caractère des personnes ou leur conduite précédente ne les rende indigne de ce traitement, plus notre supériorité est décidée, plus la noblesse des procédés nous recommande la douceur.

Le bruit est puérilité; la supériorité froide est insulte, la douceur seule est alors noblesse.

§ XXXVI.

Conduite de l'homme selon qu'il est placé.

Dire aux hommes, dire à soi-même, soyez cela! c'est faire bien peu; ce qu'il faut, c'est de les placer dans les situations, c'est de les environner de circonstances qui les font être cela.

Si nos habitudes, notre naturel, les circonstances, sont tout à-la-fois contre nos principes, comment ceux-ci pourraient-ils tenir ?... Ils se taisent, s'aveuglent ou se changent.

§ XXXVII.

De l'ardeur de réussir.

Quand l'ardeur de réussir s'est emparée de la tête, la prudence en est bannie.

Toute l'attention est dirigée vers le but. La prudence trouve-t-elle encore un moment à se faire entendre? on est sophistique avec elle; « encore » un pas, lui dit-on, et puis tout va de soi-» même.... Oh, je réparerai demain tous les dan-» gers que je me suscite aujourd'hui..... Ne vois-» tu pas que je suis trop avancé pour reculer ! »

§ XXXVIII.

Conditions pour réussir.

La première condition pour réussir, c'est d'oser.

§ XXXIX.

De la méfiance de soi-même.

La méfiance de soi-même est une grande source

de maladresses et de petitesses : elle produit la timidité, l'insolence, le dépit, le mécontentement; elle éloigne de la conduite toute grandeur, tout calme imposant, tout ce qui crée la considération.

§ XL.

De la timidité.

La timidité est l'effet de la crainte de certains maux légers qui nous arrêtent et s'opposent assez à nos actions pour les ralentir, les contraindre ou les mitiger.

La timidité craint des maux qui, pour l'ordinaire, ne sont point réels ; une fausse honte, un léger ridicule, quelque sentiment qu'elle redoute de faire naître, en sont ordinairement la cause.

Cette crainte est l'effet de la modestie, de la méfiance de soi-même.

La timidité d'un amant naît de la crainte de s'exprimer gauchement, d'où naît le ridicule ; ou de la crainte d'exciter la colère de l'objet aimé ; ou de celle de perdre un léger espoir dont il jouit avec délices.

La timidité d'un jeune homme qui arrive dans le monde, naît de la crainte du ridicule, de la honte légère que peuvent lui attirer ses maladresses.

La timidité auprès d'un supérieur est l'effet de la crainte de sa colère ou des autres maux que l'on peut nous faire éprouver.

La timidité qu'on apporte dans le monde cesse lorsque l'usage nous a appris ce qu'il prescrit dans chaque occasion, la méthode et les formules qu'il a consacrées ; lorsque l'aisance, fruit de l'habitude, nous fait sentir que nous ne faisons plus les choses gauchement ; lorsque nous nous sommes aperçus qu'on est dans le monde beaucoup moins observé qu'on ne croit l'être, et que les maladresses qu'on commet ne sont presque aperçues que de nous-mêmes ; lorsque, par l'observation des défauts des autres, nous sommes revenus de l'opinion de notre infériorité ; lorsque la réputation, les éloges et le penchant de l'amour-propre ont créé une présomption en notre faveur ; lorsque, connaissant par l'expérience ce que les autres doivent penser, remarquer, juger de ce que nous voulons faire ou dire, nous n'en redoutons plus la surprise, et nous en apprécions le danger.

Dans combien de personnes l'air de la froideur, l'impolitesse, même l'apparence de la hauteur, du dédain, ne sont-ils pas le masque de la timidité ? Enchaînés par elle, et craignant de la laisser soupçonner, on préfère attribuer à ces défauts l'inaction, le défaut de prévenance, de gaîté, de babil, d'aménité dont elle est la cause; on intéresserait et on révolte; on serait encouragé et on est persifflé, du moins pour l'ordinaire; mais l'orgueil préfère une certaine importance, une sorte de considération, à l'intérêt fondé sur la pitié, au dédain, à l'inconsistance, qui lui paraissent devoir être l'effet de la timidité découverte.

Le monde est inondé de jeunes gens qui, rougissant de la timidité qu'ils se sentent, la masquent par l'impolitesse et l'insolence.

§ XLI.

De la modestie.

La modestie réelle est cet état habituel de l'esprit, produit par l'opinion que l'on est d'une mince valeur.

Comme on croit facilement ce qu'on désire, un homme vain est rarement long-temps modeste.

La modestie est l'opposé de la présomption, qui est l'effet de l'opinion de son grand mérite. L'homme modeste, croyant les autres supérieurs à lui, les flatte et réjouit leur vanité comme leur amour-propre; la présomption fait l'effet contraire : le premier se fait chérir, l'autre est ordinairement haï.

La modestie produit la timidité, la présomption produit l'assurance.

§ XLII.

De l'opinion de soi-même.

Les hommes vous pardonneront plus facilement votre gloire que l'opinion que vous montrerez de vous-même.

§ XLIII.

Des encouragemens.

L'encouragement mène au succès en produisant à la fois l'ardeur et la confiance.

Les caractères susceptibles d'émulation sont plus animés par les encouragemens et les éloges, que par la réprimande et les châtimens.

La crainte lie toutes les facultés, la confiance les assouplit et leur donne l'essor et la liberté.

Si, selon la remarque, un succès ne va jamais sans l'autre, c'est que le succès donne l'ambition, l'audace d'entreprendre et le talent d'exécuter ; c'est qu'aussi la douce émotion qu'il produit excite et encourage à mieux faire encore.

§ XLIV.

De l'assurance.

La véritable assurance est aussi rare que l'arrogance est commune.

Il est ordinaire de se montrer et rare de se sentir.

Les hommes sont plus souvent enhardis par leur réputation que par le sentiment d'eux-mêmes.

Nous affectons souvent aussi, de ne croire qu'à nos jugemens, et dans le vrai, pour l'ordinaire, nous nous en méfions plus que de ceux des autres.

La plupart des hommes sont partagés entre le sentiment de leur faiblesse et la représentation de leur force.

§ XLV.

Suite.

La hardiesse et l'assurance, lorsqu'elles sont accompagnées de quelque chose de grand, font passer presque tous les défauts.

Rien n'efface les ridicules comme de leur être supérieur.

C'est à un tel degré, que certains hommes de critiqués, de bafoués qu'ils seraient, deviennent modèles.

Certains hommes ont mis à la mode l'impuissance qui leur était restée de leurs excès, d'autres l'usage des lunettes et la faiblesse des yeux. M. de Vendôme aurait fait passer jusqu'à sa malpropreté.

Mais on est écrasé par un défaut dont on s'embarrasse ou dont on rougit.

Plus on voit les hommes et plus on se convainc de la nécessité de prendre avec eux ses avantages de la manière qui convient le mieux à notre caractère et à notre humeur; nos amis nous en aiment mieux, nos ennemis nous en respectent plus, et les indifférens nous en considèrent davantage.

Gagnez toujours la partie, dussiez-vous acquitter votre adversaire avec grâce; quand vous l'auriez perdue, on ne douterait pas que vous n'eussiez joué de votre mieux.

Les seules bonnes faiblesses sont celles du cœur en ce qui est de son ressort et envers ceux qui les méritent.

Mais perdre ces avantages n'est pas toujours les chercher. En caractériser toutes ses actions, y tenir avec raideur, comme j'ai vu certaines personnes le faire, c'est en être insupportable. Dans une âme haute et supérieure, garder ses avantages, c'est négliger beaucoup de choses, c'est en accorder beaucoup, c'est tenir sa place sans inquiétude. La générosité, la franchise, la bonhomie la plus naturelle entrent là-dedans.

Ce qui en donne le secret, c'est un caractère élevé, exercé par une grande expérience et une grande habitude des hommes.

§ XLVI.

De la feinte.

Il est facile de feindre un moment, mais on ne feint pas dans tous les momens du jour, et pendant le cours de toute une vie.

§ XLVII.

Conduite envers les hommes.

Profiter des hommes tels qu'ils sont, leur pardonner leurs défauts, s'employer pour leur bonheur et les employer au sien, accepter leurs services, et les payer des siens ; tout cela est d'un excellent cœur.

Mais combien l'enthousiasme et l'inexpérience s'égarent en leurs sacrifices, en leur confiance sur cette multitude légère, fausse, intéressée, égoïste, vaine, jalouse !

Combien d'amertumes suivent les réputations !

La multitude paie ses serviteurs d'un encens mêlé de vapeurs empoisonnées... Veulent-ils dans leur faiblesse s'appuyer sur elle? La foule se dissipe ; ils tombent, ils sont foulés sous les pieds de la vindicative envie.

Soyez l'ami, le bienfaiteur même de ces enfans, mais ne dépendez point de leurs caprices ; n'allez point vous livrer dans leurs mains : ils n'attendent que ce moment pour vous trahir.

Il existe quelques vrais amis, méritez-les; vous en trouverez que votre cœur et l'expérience vous désigneront, et vous partagerez entre eux et vous-même le dépôt de votre bonheur.

La grande société du monde emploie le superflu de la vie, c'est dans celle de l'amitié que le sage met son nécessaire.

§ XLVIII.

De l'originalité.

L'originalité n'est pas le mérite, mais souvent elle le fait supposer, et toujours elle y ajoute.

Le mérite qui domine dans sa partie, n'est plus apprécié selon ses proportions ordinaires.

L'imitateur ne suit point la grande voie du progrès, souvent aussi il s'écarte de la direction où la nature le portait et l'aurait soutenu.

§ XLIX.

Suite.

La singularité est pitoyable, mais il n'est rien de grand sans originalité.

Il est faible de se laisser mener par les autres; il est pénible de se livrer inconsidérément; il est lâche d'abandonner une marche bonne.

Il faut être original dans ses mouvemens, prudent à les commencer, ferme à les soutenir.

Celui-là juge bien mal l'opinion publique, qui s'amuse à l'écouter.

Une conduite originale en sagesse trouve ordinairement des censures qui nuisent à la considération : l'assurance avec laquelle on s'y livre sera le correctif de ces choses. L'homme éclairé une fois connu, n'a pour soumettre les jugemens publics qu'à porter dans ses folies même une tranquille sécurité.

§ L.

De la singularité.

La singularité est la ressource ordinaire des esprits médiocres, lorsqu'ils ont la fureur de vouloir être distingués et de jouer un rôle. Cependant, comme elle demande un art infini pour en cacher l'affectation, elle leur réussit mal assez souvent; ils cherchent l'apparence du caractère, ils n'attrappent que l'air d'une affectation maladroite et puérile. Le monde reflue de ces originaux mal achevés, qui n'en servent pas moins de modèles à d'innombrables petits esprits, incapables non seulement d'exister, mais de discerner les êtres dont il est supportable d'être copie.

Prenant des ridicules saillans pour des qualités brillantes, ils imitent de leur modèle les travers, les défauts, et l'impertinence, sans participer à leur nouveauté, qui est le seul avantage qui les soutient; ils deviennent des originaux copiés ou des singuliers du second ordre. C'est le rang que tiennent dans la société les sots qui joignent à de la présomption, des idées rétrécies et le talent de ne pénétrer jamais le monde qu'à demi. D'autres hommes, avec de l'imagination et des connaissances, s'égarent par le désir immodéré de faire parler d'eux; non encore pourvus de grandes qualités qui doivent les conduire à la gloire, ils cherchent à réveiller la renommée par la singularité, par l'indécence même de leur conduite. Tel Alcibiade attire les regards des Athéniens par le libertinage effréné que ses fêtes étalent, par le prix exorbitant dont il achète des bagatelles que le jour d'après il sacrifie! Mais la singularité de ces sortes d'hommes est facile à distinguer de la première, elle a moins d'uniformité, et portant avec elle l'empreinte du génie qui la crée par sa variété, par ses excès, elle frappe toujours davantage. Jusqu'à son extravagance même annonce une imagination hardie, une connaissance plus profonde du cœur des hommes et des objets qui peuvent occuper sa frivolité. Souvent ces originaux-là réussissent, tandis que si les premiers étonnent quelques momens, ils finissent par laisser à découvert leurs ridicules; on les oublie, ou l'on n'en parle plus que pour s'en moquer.

§ LI.

De l'indépendance.

Celui qui désire l'indépendance doit apprendre à se suffire; les secours des hommes sont des chaînes.

§ LII.

De l'expérience.

Si l'expérience apprend à peu compter sur les hommes, elle apprend beaucoup aussi l'indulgence pour leurs faiblesses.

L'homme qui a beaucoup vu s'étonne peu.

Mais l'indifférence absolue est d'une âme faible, comme le scepticisme absolu est d'un esprit faible.

L'expérience est bonne pour mûrir l'imagination, le cœur et le caractère; si elle devait les éteindre, elle ne serait plus une école, mais la plus dangereuse des corruptions.

§ LIII.

Du sage par nature ou par expérience.

Que chacun soit heureux et bon par la voie que

la nature lui trace ! Mais je ne sais si c'est une prévention personnelle! j'aime mieux celui qui est devenu sage par expérience, celui qui a fait sortir le bon sens de l'imagination même, celui enfin qui s'est fait un caractère au milieu des orages de l'esprit, des évènemens et des exemples.

Dirai-je que ces derniers sont plus sûrs? non, car les premiers suivent la nature. — Mais ils sont plus aimables, plus riches en idées.

Que les derniers se laissent encore quelquefois séduire, cela est bien vraisemblable; mais que les premiers puissent être séduits ou trompés pour des choses petites, cela n'est pas moins sûr.

Et, ne vous trompez pas sur le vrai signe de ceux que je dis sages de l'ordre de la nature. — Ils sont moins nombreux que vous ne pensez.

Si vous y confondiez la race commune qui est tout par faiblesse, par situation ou par habitude, je ne souffrirais plus de comparaison. Cette race n'a ni sagesse, ni raison, ni caractère réels. Elle est toute aux évènemens, aussi près du mal que du bien, également incapable seulement de ce qu'il y a de difficile dans l'un et dans l'autre.

§ LIV.

Ce qui doit être moins compté que pesé.

L'homme sage doit peser au lieu de compter; il le doit surtout en philosophie. Pour obtenir auprès des hommes une plus grande gloire, une plus grande estime, il faut peser, au lieu de compter, les devoirs, les vices et les vertus.

En politique, en sagesse, il faut peser les procédés au lieu de les compter.

Je ne donne point ici une maxime exacte, mais un précepte pratique, applicable le plus souvent, et dont l'oubli rend chaque jour de grands travaux et de grands talens inutiles.

§ LV.

Règle de conduite de l'homme supérieur.

Avoir un désintéressement absolu.

S'abstenir de subtilité; ne pas s'arrêter aux petits obstacles; surmonter toute inquiétude puérile; ne pas faire abus de finesse; avoir de la décision.

Se placer en haut; voir en masse; juger et se conduire en conséquence.

Subjuguer la paresse.

Agir sur une large base de calme, de force et d'empire sur soi.

Vaincre l'envie de parler.

Surmonter l'abattement, contenir une joie inconvenante.

S'élever au-dessus de l'hypocrisie par une franchise généreuse, et de l'indiscrétion par le calme et la force.

Élaguer le vain bavardage.

En quelque genre que ce soit, être gai, sérieux, savant, léger, etc.; avoir une conversation pleine, nourrie, animée.

Ou garder le silence.

Avoir le goût de la jouissance et du beau, des arts, des plaisirs, de la galanterie, des voyages, de la campagne; être toujours naturel, également loin de l'affectation, qui est hypocrisie, et de l'affectation, qui est vanité.

Être au-dessus de l'amour-propre puéril.

Avoir le sentiment des choses et de soi; les passions, la sensibilité, la force constituent l'homme.

Si quelquefois on sort de la nature, que ce soit par la grandeur.

Faut-il, en adoucissant les défauts, perdre ses formes, effacer son caractère, et cesser d'être soi-même? Non, pût-on même devenir Grandisson.

Ces dispositions et ces singularités caractéristiques, qui touchent à l'excès ou aux faiblesses, sont les points par lesquels on tient à la grandeur.

Pousser loin, très loin la faculté principale ; distribuer inégalement l'usage des forces ; se livrer, s'abandonner à l'élan.

Éloigner de soi les broussailles et les branches mortes, mais laisser les grands rameaux suivre leur forme libre et pittoresque.

Le goût de la solitude fait l'homme ; une nuance de timidité tient à la grandeur ; la paresse est la compagne du talent, et l'engourdissement est la préparation du génie.

En tout, la hardiesse dépouillée d'affectation, de singularité, éclairée par le goût, la raison et les lumières, est le premier attribut de la supériorité.

Éloigner autant qu'il se peut la vaine subtilité de ses combinaisons ; consulter et agir d'après les grandes données.

Il faut être réfléchi, sage et hardi.

Il y a un certain mélange de paresse, de timidité, de faiblesse, d'inexpérience, qui fait qu'on n'a pas une juste idée de sa situation et de ses ressources, et qu'on ne sait ni les juger, ni les employer en grand.

La timidité et la lenteur empêchent bien de

petites mauvaises choses, auxquelles l'inquiétude porterait ; mais ce n'est pas assez de ne pas faire du mauvais, il faut faire du bon.

Après avoir vaincu la timidité et la paresse, on s'étonne de la facilité qu'on trouve dans des entreprises dont on avait été épouvanté.

Dans sa vie même, tout à fait privée et domestique, on reste quelquefois bien long-temps, peut-être, privé, par pure paresse, des choses les plus convenables, les plus agréables, et même les plus utiles.

§ LVI.

De la complaisance et de la bonté poussées trop loin.

La complaisance, par son habitude, devient un devoir et cesse d'être un bienfait.

L'homme trop bon n'a bientôt plus que la réputation d'homme faible ; la considération se perd, la crainte et la reconnaissance s'éteignent ; chacun s'arroge sur lui le droit d'empire ; sa résistance étonne et indigne.

§ LVII.

Savoir tirer parti des torts qu'on a envers nous.

Il est un art de tirer parti des torts que les

hommes ont avec nous ; art assez varié selon les torts, les personnes, qui consiste en général à les piquer d'émulation, ou du moins de décence, par un traitement mêlé de sensibilité, de supériorité, et de ménagement sans insulte.

Ce traitement n'est point destiné à ceux qui n'ont aucun ressort dans l'âme.

§ LVIII.

De l'aveu de ses fautes.

Il y a une certaine franchise à avouer ou même à déclarer ses fautes, ses faiblesses, ses défauts. Cet aveu ne tient point à la probité, puisqu'il est clair que, hors certaines occasions particulières, il n'y a aucune obligation à dire ces choses-là. Il tient d'un côté à la faiblesse, à l'indiscrétion, à la légèreté, et de l'autre à la grandeur.

La lâcheté des hommes fait qu'ils en tirent un avantage immense ; ils font bien plus d'attention à l'aveu qu'à la grandeur qu'il y a eu de le faire. Ils l'attribuent plutôt à la faiblesse ou à la nécessité qu'à l'élévation ; ils ne le croient point complet et s'en font un droit pour supposer beaucoup d'autres choses.

En général, à moins que ces aveux ne portent

sur des choses qui, malgré nous, doivent être connues, ou que quelques autres raisons politiques ne les commandent, il faut des combinaisons bien rares d'hommes et de situation, pour que la grandeur qu'il paraît y avoir à les faire, ne soit pas une simple duperie.

§ LIX.

Du ressentiment d'un tort réel.

Un ressentiment aigre et verbeux engage la querelle ; on y répond et son effet est perdu.

Un ressentiment en éclat passe pour vengeance, on se tient pour quitte.

Un ressentiment puissant et terrible subjugue.

Un ressentiment contenu, mêlé de mépris, de générosité, de sensibilité, de force est le plus propre à ramener.

S'il entre aisément en accommodement, il soulage celui qui en est l'objet, et perd toute sa force.

Si c'est un mépris implacable, il pourra désespérer, mais il fixera dans le mal.

Le ressentiment qui conduit à la tranquillité est bien imbécile, et celui qui conduit à la révolte bien peu mesuré. C'est un mélange de sensibilité, de noblesse et de force qui, entretenant l'inquiétude prépare le retour.

§ LX.

De l'utilité de ne pas se laisser pénétrer.

Vos rivaux ou vos ennemis irréconciliables feignent de se rapprocher de vous pour pénétrer vos *pensées*, vos *projets* et vos *moyens*.

En général, en faisant connaître ses moyens on les détruit, en faisant croire qu'on n'en a pas on perd sa considération, et personne ne peut vous reprocher une manière mêlée de réserve et de confiance en vos forces.

Le moment où vos moyens sont le plus faibles est celui où il importe le plus que vos ennemis ne les connaissent pas. Ils ne manqueraient pas d'en profiter pour vous frapper le coup de mort, tandis que souvent on les retient seulement par sa bonne contenance.

Si le mensonge fait mépriser, rien ne fait perdre autant la considération qu'une confiance indiscrète; elle vous dégrade, même auprès de ceux avec qui vous l'employez. Nul ne sait gré d'un secret qu'il a surpris par adresse ou qu'on lui a dit sans confiance, et peu se font un devoir de le garder.

Ceux qui veulent surprendre votre secret ont différens moyens. Quelquefois ils feignent de le savoir et par leur assurance, ils vous placent dans l'alternative, ou de l'avouer, ou de proférer nettement un mensonge à celui à qui la vérité toute entière paraît connue.

Quelquefois ils paraissent penser comme vous, former les mêmes vœux, et par là ils cherchent à vous engager à la confiance, et à connaître vos vues et vos moyens.

Quelquefois ils se serviront de votre amour-propre pour vous engager à étaler tous vos avantages; ils vous flatteront, ils seront en admiration devant vous, ils prendront le plus vif intérêt à vous, et cependant ils feront des bévues grossières dans l'espérance qu'en les relevant vous leur apprendrez ce qu'ils veulent savoir. Ils paraîtront inquiets sur vos moyens pour vous donner occasion de les établir ou du moins de témoigner que vous en avez beaucoup; ils vous indiqueront et vous conseilleront les choses qu'ils pensent que vous avez faites ou que vous voulez faire, afin qu'en en revendiquant le mérite et l'invention, vous leur appreniez que cela est déjà fait ou projeté. Ils paraîtront toujours, quoiqu'en admirant, n'être instruits que de beaucoup moins que la vérité, afin que vous leur fassiez voir qu'ils s'étonnent de peu et qu'il y a beaucoup encore au-delà.

Quelquefois ils se serviront de votre amour-propre, mais en l'irritant, en le courrouçant par la contradiction, par les défis et l'affectation du dédain, espérant que vous vous découvrirez par les preuves que vous donnerez dans la dispute, par les menaces que vous ferez, par tout ce que vous serez entraîné à dire pour le plaisir de les confondre.

Quelques autres passions, comme l'amour-propre, sont susceptibles de se livrer à l'épanchement et à l'abandon, lorsqu'elles sont flattées, et à l'indiscrétion de la colère, lorsqu'elles sont contredites.

Ceux qui veulent pénétrer un secret se servent aussi de la surprise et du premier mouvement; ils annoncent sans préparation la nouvelle qui doit produire la plus vive émotion; dans le cas où le secret qu'ils supposent serait réel, ils prononcent inopinément un nom qui doit réveiller les passions les plus vives; ils diront des choses par lesquelles, si le secret existe, vous devez croire qu'il est connu.

Au milieu des mouvemens qu'ils cherchent à faire naître, tantôt ils feindront une grande distraction, afin que ne vous croyant point observé, vous leur laissiez un plus libre cours ; tantôt ils affecteront de vous observer et vous laisseront apercevoir qu'ils vous soupçonnent ou vous devinent, pour que l'embarras ou le trouble achève d'éclairer le sens de la première émotion.

L'air mystérieux est la moitié de la divulgation d'un secret ; les efforts affectés que l'on fait pour en éloigner l'idée sont aussi un moyen de le trahir. Le moyen de le dérober, c'est qu'il ne produise rien d'extraordinaire, c'est d'être comme s'il n'existait pas.

Les gens de bien ont un grand avantage dans le ménagement de leur secret, c'est que n'ayant rien d'incompatible avec leurs principes avoués, et leur conduite publique n'étant ordinairement que la partie la plus intime de leurs plans homogènes, et pour ainsi dire les racines d'un arbre dont le tronc et les rameaux sont en dehors, ce qu'ils avouent suffit la plupart du temps pour expliquer et pour motiver tout ce qu'ils peuvent faire en faveur de leurs idées les plus secrètes.

§ LXI.

Inconvénient de confier ses secrets.

La confidence d'un secret important vous expose à souffrir des infidélités du confident, de ses imprudences, de ses faiblesses ; il lui donne un intolérable empire sur vous ; vous êtes engagé à le suivre d'attention et à le ménager, vous portez plusieurs chaînes.

Combien, si le secret est très important, il faut d'avantages à le confier, pour balancer tant d'inconvéniens !

Pesez donc avant de le dire ces inconvéviens, voyez comment les circonstances les modifient, comment l'avenir peut les changer.

Un secret confié l'est pour toujours, et il en est beaucoup dont l'importance dure sans cesse.

Souvent les inconvéniens dureront toujours et l'utilité sera momentanée. Pesez ceci !

En fait de confiance, défiez-vous infiniment de l'attrait du moment.

Si vous le pouvez sans inconvénient, retardez de dire votre secret.

§ LXII.

Inconvénient de parler trop ou trop peu.

Parler trop et parler trop peu, sont deux défauts, mais le premier est certainement le plus grave.

Le second existe en habitude et c'est un bien. Le premier vient souvent par bouffée, et c'est un mal qu'il faut absolument réprimer.

On dit des sottises qu'on veut ensuite réparer; c'est l'occasion fréquente du plus mauvais bavardage.

La même chose peut se dire de la froideur et de l'inquiétude.

Les bonnes manières sont celles qui résultent d'un fond de générosité, de force, de franchise et de raison.

§ LXIII.

Du sujet dont on parle.

Il est trois choses dont on s'occupe en parlant, ou de soi, ou de celui à qui l'on parle, ou de choses ou de personnes : ce sera si vous voulez, de la première, de la seconde ou de la troisième personne, en style de grammaire.

Abstraction faite de quelques exceptions, de quelques nuances tracées ailleurs, celui qui s'occupe de lui-même finit par vous excéder.

Celui qui parle de la troisième personne suit la marche la plus facile et la plus simple ; elle offre à des talens médiocres des ressources très variées.

Celui qui entretient les gens d'eux-mêmes adopte une carrière épineuse, mais productive ; elle est la plus féconde en effets dangereux ou favorables ; elle est aussi critique que la première, mais bien plus riche en incidens, plus variée dans ses effets, plus abondante en récolte.

C'est un art étendu et profond dont les principes seront rassemblés ailleurs.

§ LXIV.

Du langage d'action.

La langue muette des actions est celle qui se fait le mieux entendre aux passions des hommes.

§ LXV.

Des aperçus divers.

Des aperçus neufs, singuliers et délicats font l'homme d'esprit ; des aperçus principaux, justes et sommaires font l'homme sage.

Des premiers, on peut en faire emploi pour sa

réputation ; les derniers conviendront ordinairement mieux pour sa conduite.

Les premiers amusent l'esprit, flattent les sens et le cœur dans les émotions successives qu'ils procurent ; les derniers réussissent à la pratique, à la prévoyance, à l'influence des choses du monde.

§ LXVI.

Des choses qui donnent de l'autorité au caractère.

L'indécision, les balancemens, les hésitations, détruisent tout ascendant. Comment recevoir le mouvement de celui qui n'en a point de déterminé ? On doute avec lui, on est sans confiance dans son opinion et sans respect pour sa volonté : on commence à concevoir l'idée de la diriger soi-même.

La propre conviction et la volonté déterminée sont nécessaires au commandement.

RÈGLES :

Ne point délibérer au jour.

Ajourner la décision plutôt que d'en changer.

Un grand sentiment de sa force est également nécessaire.

L'inquiétude, l'impatience, le reproche, la colère puérile tuent l'autorité.

Ce qui la soutient, c'est l'assiette calme, la sérénité et la colère rare et terrible.

Une bonté qui ne tient rien n'est que de la faiblesse.

Il ne faut point confondre la faiblesse avec la négligence. Celle-ci est presque inséparable d'un caractère élevé, et retenue dans certaines limites, elle ménage l'ascendant que l'usage continuel et minutieux finit par user.

N'être point trop ému de ses avantages ni de ses revers.

Non seulement il faut sentir sa force, mais il faut que tout la prouve ; l'indiscrétion, l'imprudence, la loyauté, la fausseté, la petite ruse tuent l'autorité.

Les scandales, les ridicules et les faiblesses qui nous ravalent, quoique étrangers à la chose où nous dominons, énervent l'autorité du caractère.

Il faut donc s'en corriger ou les cacher.

En général, comme la considération, l'admiration, le respect, et tous ces sentimens qui établissent l'autorité, se nourrissent par l'imagination et diminuent par un examen trop détaillé de ce qui en fait l'objet ; l'ascendant diminue à se communiquer trop souvent, trop en détail, et de trop près.

Laisser supposer un fonds immense de force, de sagesse, de ressource, et n'en jamais montrer le terme.

Il y a des défauts qui ajoutent à l'ascendant, les uns parce qu'ils ajoutent à l'idée de nos moyens, les autres parce que, sans nous abaisser, ils donnent à la jalousie un dédommagement.

Pour exercer l'ascendant, il faut être placé au dessus de la rivalité.

La jalousie, la vanité, les faiblesses de l'amour-propre le détruisent.

C'est par là que la naissance, l'âge, le sexe, la force corporelle donnent tant de force à l'autorité, parce qu'il en résulte une supériorité plus volontiers reconnue.

Pour que les autres dépendent de nous, il faut avant tout ne pas dépendre d'eux.

Le besoin, de quelque nature qu'il soit, est le plus grand obstacle à l'autorité.

Aussi, l'indépendance du caractère est-elle la première base de l'ascendant. Il lui faut une grande force de constance et d'impulsion.

§ LXIX.

Avoir une volonté.

Imiter et croire passivement, mènent toujours au rôle d'un être nul et d'un sot.

Avoir une manière, une volonté, une pensée à soi, c'est la voie de la considération.

§ LXVIII.

De la persévérance à soutenir son opinion.

A suivre malgré le blâme son opinion, il y a une force, une indépendance, une assurance et un sentiment de soi qui étonnent, qui réveillent la considération, qui font balancer la critique et qui commandent la confiance.

Celui qui, incessamment inquiet de l'opinion des autres, s'évertue sans relâche à l'exciter, joint la méfiance aux prétentions; toujours il a besoin des autres; il ne laisse rien supposer, car il s'efforce de tout faire voir : esclave, dédaigné, l'opinion lui accorde peu et néglige encore de s'acquitter.

§ LXIX.

De l'avantage à profiter des évènemens.

Il y a en somme, plus d'avantage à savoir profiter des évènemens tels qu'ils sont, qu'à prétendre les amener et les prévoir.

§ LXX.

De l'occasion.

Celui qui sera attentif et habile à profiter de l'occasion, sans prévoir ni prétendre à produire les accidens et circonstances, aura une méthode commode et bien fructueuse.

Si vous produisez sur les hommes une impression forcée, pénible, excessive, profitez-en sur le champ, et n'espérez pas qu'elle dure, car blasure et fatigue l'éteindront, et avant cette terminaison naturelle, la nature souvent cherche une issue pour s'en délivrer.

Maxime instructive, mais sujette à restriction comme presque toutes.

§ LXXI.

Des précautions.

On prend une multitude de précautions pour ne pas se commettre, qui ne font qu'indiquer la peur du danger et la méfiance de soi.

§ LXXII.

Se défendre des petits moyens.

Il ne suffit pas pour parvenir à ses vues de combiner ses plaisirs ; il faut une attention scrupuleuse à se défendre des petits motifs passagers qui croisent, contrarient la marche générale, et n'ont pour objet que d'impalpables avantages qui reçoivent tout leur prix de leur présnce.

§ LXXIII.

De la séduction du sentiment.

La première des séductions est celle du sentiment. Quelques maximes d'un sentiment vrai, prononcées à propos, d'un ton convaincu, produisent toujours un grand effet ; et, dans le sentiment, je comprends la morale sentie.

§ LXXIV.

De ce qu'on peut se permettre.

Il est de légères licences de fond, et de grandes

licences de forme que l'on peut se permettre contre la rigidité des principes et des sentimens. Sans cela, on sacrifierait sans cesse l'agréable, l'utile et l'honnête, aux plus frivoles considérations.

Tel est le caractère de cette souplesse de mœurs, espèce d'indulgence envers soi-même, favorable et permise, mais dont la saine philosophie peut seule, dans chaque circonstance, déterminer l'étendue.

Autre chose est cependant cette philosophie morale, qui juge par elle-même du bien et du mal dans la diversité des relations; la première dispense de la loi; celle-ci apprend à l'entendre: la vraie morale croulerait sous les usurpations de celle-là, elle n'existerait pas sans l'activité de celle-ci.

§ LXXV.

De la plaisanterie.

Le mot plaisanterie a des acceptions variées. On plaisante en mentant, seulement pour engager, surprendre, amuser, animer la conversation; on plaisante quelqu'un, en faisant rire sur son compte.

J'ai vu le simple peuple rire aux grossières plaisanteries de Pierrot, et il riait là où les idées et les images étaient les plus singulières et les plus extraordinaires pour lui, sans passer sa conception ; il riait aussi du ridicule. Le nigaud dupé, le lourdaut maladroit, portaient leur joie aux éclats. Mais là où le travail et l'affectation étaient très sensibles, ils ne riaient plus.

Je crois que la singularité fait rire, parce qu'elle ajoute la force de la surprise à l'action des choses risibles qui l'accompagnent.

Les jeunes personnes, les esprits peu expérimentés ou ignorans, sont en général très portés à rire, ce que j'attribue au caractère de singularité qu'ont pour eux les objets nouveaux. Le ridicule les frappe plus vivement, parce qu'il les frappe pour la première fois, et ils doivent être enclins à rire, comme ils le sont à s'étonner, à admirer, à s'attendrir, heureux et malheureux de n'être blasés sur rien.

Le ton héroïque appliqué à des bagatelles, rend un effet plaisant, parce que le ton, le langage, la chose, la personne en sont tout ridiculisés et que la singularité de l'amalgame ajoute à l'effet.

Celui qui traite, d'un langage et d'un ton sérieux, des objets frivoles, ridiculise le sujet et lui-même ; il surprend, il est plaisant.

Celui qui avance ou récite d'un air crédule et

fin des choses absurdes, se ridiculise ; il est plaisant, si surtout il donne à cela un air de nouveauté.

Celui qui tourne en ridicule est plaisant ; il l'est surtout d'ordinaire si c'est lui-même qu'il prend pour sujet.

Le ridicule crée le plaisant, mais la nouveauté, la singularité, toutes les qualités fortifiantes le renforcent.

Étrange pouvoir du ridicule qui nous soumet encore à son impression, lors même que nous savons bien qu'il est simulé ! C'est son image, c'est sa face réjouissante, il suffit ; mais l'impression est cependant d'autant plus vive que l'illusion est mieux autorisée.

Lorsque le ridicule est tellement amalgamé à d'autres modifications, que son expression est puissamment combattue, ou du moins partagée par d'autres, elle devient beaucoup moins vive, ou n'est même pas sensible : supposez la pitié, l'indignation excitées ; le rire fuit, le ridicule est à peine aperçu.

Le talent de Molière fut de saisir les ridicules les plus saillans, et de les présenter à nu avec une imitation exquise.

Certaines critiques se bornent à présenter les défauts ridicules qu'elles parodient, un peu outrés et dégagés de l'entourage qui les cache. On les ennoblit, on rit de la copie et on rit du modèle, parce qu'une ressemblance sentie lui fait attribuer tout ce que présente celle-là.

Celui qui se loue avec excès tourne en ridicule sa prétention déméritée, et cela amuse.

Lorsque des choses saintes, sacrées, etc., se trouvent comparées par le discours à des choses frivoles ou licencieuses, cela les rabaisse beaucoup, et elles deviennent ridicules parce qu'elles reçoivent quelque chose de l'infirmité de celles qu'on leur appareille.

Des polissonneries en style caustique forment un ensemble qui surprend. Le libertinage prend une dignité qui le rend ridicule, et les idées mystiques se trouvent fort rabaissées par l'analogie que prouvent entre elles et les plus licencieux objets, cette communauté de signes. Ces polissonneries peuvent être très plaisantes; elles reçoivent encore un autre sel des circonstances, des faits et de la manière du diseur.

Préville saisit ce qu'il y a de ridicule dans votre ton, votre geste, votre dire; il le copie admirablement, et la vérité de la copie ajoute à l'effet du ridicule découvert.

Il est affecté par votre ridicule, il le marque, et d'une manière burlesque et singulière dont l'impression ajoute à celle de la cause que son sentiment présume.

Les grimaciers font rire en se ridiculisant avec singularité. Les burlesques font grimacer leur figure, leurs images ou les tableaux qu'ils dépeignent.

Fielding, dans son Jonatam, a ridiculisé quelques qualités, qu'on nomme communément vertus ou grandeur, en démontrant leur affinité avec les vices les plus bas ; et son langage offre quelque chose de risible, parce qu'il adapte des noms pompeux et estimés à des choses viles et méprisables.

On fait rire bien du monde par un art perfide de développer les ridicules, en encourageant ceux qui les portent ; alors cet art a toute l'énergie de la réalité : traître et dangereux passe-temps !

On sait que les tropes sont des figures qui, en énonçant une chose, en expriment une autre, à cause de l'analogie qui est entre les deux ; ainsi la métaphore, l'allusion, etc., sont des tropes, or ces tropes peuvent verser du ridicule soit sur la chose qui sert de signe, soit sur la chose indiquée se ridiculisant par le contraste et le reflet des couleurs ; la bizarrerie, la nouveauté de la liaison de deux êtres disparates renforce, par la surprise, le sentiment du ridicule.

Il est des gens qui, formés par l'habitude à discerner avec finesse la face ridicule des objets, et à la peindre avec fidélité ou même exagération, se sont rendus par là très amusans.

Le ton héroïco-sentimental, appliqué à des objets minces, est plaisant par le ridicule qui en rejaillit sur le ton, la chose et la personne. L'énergie de ce ton ajoute encore à la force qui résulte de la singularité de son application.

§ LXXVI.

Suite.

La bonne plaisanterie, variée en ses formes et en ses sujets, comme les oreilles qui l'entendent, reçoit des circonstances et de l'apropos la plupart des inspirations qui la guident. Elle eût été pédante, ennuyeuse, inintelligible, prononcée ailleurs; elle est simple, naturelle, réjouissante, dans le cercle instruit et préparé qui l'entend.

§ LXXVII.

Les grands traits dispensent des petits.

Un grand trait dispense souvent d'une multitude de petits; — il en prouve la puissance; — il en explique la négligence.

Celui qui a de grands laquais et un char magnifique, néglige sa parure et ne porte pas d'or sur lui.

§ LXXVIII.

De la louange.

L'indulgence fait aimer; mais louer tout également ôte l'avantage et l'incomparable ascendant qu'on peut obtenir dans la société par une appréciation exquise.

§ LXXIX.

De la louange et du blâme.

Souvenez-vous du précepte : malheur à l'esprit faible qui se laisse aller à toutes les impulsions de la louange et du blâme!

La louange et le blâme des autres, leurs conseils et leurs suffrages, nous égarent aussi souvent que nos propres travers.

§ LXXX.

De l'importance qu'on met aux choses.

C'est un attribut de la faiblesse et de la sottise

de mettre trop d'importance aux choses, et aussi de n'y en pas mettre assez.

Si les petites passions des faibles et des forts sont blessées, tout est monstrueux ; hors de là, rien ne leur paraît grave.

En fait de danger, ils ne s'attachent point au plus grand, mais au plus prochain.

Les ames faibles sont susceptibles d'être entraînées à approuver et à partager les plus grands crimes ; il suffit que ce soit la force dominante qui les y pousse et qu'elle conserve les apparences de quelques voiles ou de quelques prétextes légers.

Les avertissez-vous qu'un grand mal est prêt de se commettre, elles n'en veulent rien croire ; elles le nient, car il faudrait faire quelque chose pour le prévenir ; plus il avance, plus votre prévoyance devient inofficieuse : a-t-il éclaté, quelques prétextes le justifient, ou la prudence fait une loi de fermer les yeux ; il ne faudrait même pas vous étonner qu'on vous accusât d'en avoir donné l'idée par vos prophéties, ou de l'avoir autorisé par les faibles moyens que vous auriez pris pour le prévenir.

Si tout le monde disait : Tout va bien, tout irait bien ; voilà leurs principes.

§ LXXXI.

Du soin des petites choses.

Il est peu de grandes choses dont la réussite ne dépende des soins qu'on donne aux petites.

Du talent de modifier, du soin des petites choses, de la flexibilité de l'esprit et du caractère, l'homme de la spéculation peut se passer, mais non l'homme de l'exécution.

§ LXXXII.

Des avantages qu'on se donne.

Il faut un fond de vérité pour bâtir une fiction.

Il faut une certaine fortune pour contracter des dettes immenses.

Aux yeux du charlatanisme, le grand mérite des avantages réels, c'est de faire croire à ceux qu'on se donne.

§ LXXXIII.

Du doute.

L'expression dubitative indique souvent un esprétendu ; elle indique la modestie ; elle laisse l'opinion libre ; ainsi, elle doit plaire à certains égards. A d'autres, elle laisse aux opinions un vague qui peut être fatigant, elle diminue souvent de l'impression et elle peut déplaire par ces causes.

Le moment, le sujet et les autres accessoires marquent lesquelles de ces propriétés doivent dominer, elles en déterminent l'emploi.

§ LXXXIV.

Des dons et de leurs effets.

Quand on nous donne, autant qu'on le peut, nous sommes sûrs du donneur ; nous ne faisons rien pour l'encourager et avoir davantage.

Si l'on ne nous donne pas autant qu'on le peut, nous jugeons qu'on a des destinations multipliées, que d'autres recherchent les mêmes dons, que notre portion même peut nous être ôtée, qu'elle peut aussi s'accroître, et de combien peut-être ! Alors nous cultivons, nous recherchons, nous encourageons le donneur.

§ LXXXV.

Des refus.

Défiez-vous d'une certaine répugnance à refuser; le refus, décisif à la première demande, est ordinairement le meilleur ; il est moins suspect de mauvaise volonté que celui qui arriverait plus tard. Il expose moins à l'importunité et au ressentiment.

§ LXXXVI.

De la crainte d'être dupe.

La crainte d'être dupe, le point d'honneur de ne vouloir pas l'être, l'obscure prévention qu'ils ont affaire à de rusés fripons, qui les prennent pour des simples, font de beaucoup d'esprits faibles, étroits et vains, les fourbes les plus impudens.

§ LXXXVII.

De la timidité dans les dépenses.

Ceux-là ruinent le fonds en argent ou en santé, qui passent toujours le revenu.

Mais celui qui, avec une économie habituelle, fera quelquefois des excès de dépense, pourra conserver son fonds entier, et même l'augmenter; et en plaçant sa dépense, ses économies et ses excès à propos, il pourra produire de grands effets.

Il y a des caractères économes, qui, pour n'oser un excès, dépensent beaucoup en détail et inutilement.

Ils ont peu, la grosseur du sacrifice les effraie.

Ils seraient bien fâchés après, s'ils croyaient qu'avec moins ils auraient réussi.

La peur qui trouble le jugement, ne leur laisse pas voir les bornes de leur danger et de leurs pertes. Ils craignent tout, et même de ne plus pouvoir s'arrêter.

L'estime d'eux-mêmes et des autres étant attachée à leur économie, à leur modération, à leur lenteur, ils tremblent d'y renoncer et de ressembler à ces hommes qu'ils ont tant critiqués.

§ LXXXVIII.

Des amis.

C'est certainement une chose très importante dans le cours de la vie que les amis et les ennemis qu'on trouve à s'y faire.

Avec une grande réputation et une importance publique, on trouve aisément des liaisons : si l'on y joint les grandes qualités de pureté, de droiture, de courage, on se fait des amis presque sans y songer, et la sagesse qu'on met dans sa conduite désarme le plus grand nombre de ceux que l'intérêt contraire devrait mettre au rang de nos ennemis. Alors les petitesses de l'amour-propre mises de côté, les manières nobles et simples, la sincérité, l'absence de hauteur tiennent presque entièrement lieu de tous ces soins, de cette exactitude, de cette activité de poursuite nécessaires à d'autres pour trouver accès, faveur, crédit auprès d'un grand nombre de personnes. On vous pardonne l'économie d'un temps que vous employez bien, une négligence, une indépendance qui tient à de grandes qualités et que la bonté de vos manières explique ; l'amour-propre, l'intérêt, et quelquefois même l'amour du bien vous font, en votre absence, des amis et des gens prêts à vous accueillir.

§ LXXXIX.

De la lutte contre le faible.

La lutte contre le faible a un certain désavantage, c'est que si l'on est vaincu on est ridicule, et ridicule et cruel si l'on est vainqueur.

§ XC.

Conduite envers les inférieurs et les serviteurs.

L'homme faible a besoin de justice; il désire que sa vertu du moins lui assure quelque chose; avec l'homme juste, il dépend de lui de n'avoir rien à craindre.

Tes serviteurs t'aimeront pour ta justice, et ils ne feront pas le mal.

Avec le maître qui n'est que bon, il n'y a ni activité, ni retenue, ni crainte.

Avec le juste, il y a crainte, considération, attachement, exactitude.

Ils ne te trahiront pas si tu leur marques confiance et pénétration, si tu te montres habile à juger, terrible dans tes punitions, gracieux dans ta bienveillance.

Qu'ils trouvent en toi protection, ils sentiront qu'alliance veut réciprocité, et ils y répondront par leur dévouement.

Evite de les humilier devant le monde, ils craindront moins de l'être devant toi, ils seront aimans et dévoués.

Sois si grand à leur égard qu'ils sentent l'Inégalité naturelle ; elle adoucira pour eux celle de la fortune, elle te conciliera leur docilité, elle leur fera considérer ta bienveillance, ta confiance, ton approbation, comme de grands bienfaits qui les attacheront à toi par la gloire de l'association.

Ils te seront attachés si, instruits de leurs fautes, et rigide en particulier, tu les honores en public par ton estime : car ils sentiront que leur gloire est un pur bienfait de toi.

Renonce, à leur égard, aux caprices du pouvoir, ne gêne pas inutilement la liberté, et l'obéissance sera douce, et ton pouvoir sera respectable, et on ne songera jamais à le révoquer.

§ XCXI.

De la familiarité et de l'insulte envers les inférieurs.

Des hommes qui, vis-à-vis de leurs inférieurs, passent de la familiarité à l'insulte, en sont haïs, méprisés et en essuient fréquemment les impertinences.

§ XCXII.

Des domestiques.

Il faut être libéral envers ses domestiques pour

se les atacher; mais il faut obtenir leurs services de leur dévouement : les largesses doivent être amitié et bonté, non récompense.

Avec les serviteurs ordinaires on traite, ensuite d'un marché dont la solution est libre de part et d'autre, qui n'exclut cependant, ni la bonté, ni la douceur, ni la fermeté, ni les autres nuances de traitemens relatives aux situations et aux caractères.

Mais avec les bons serviteurs on traite en vertu d'une alliance. De là l'indulgence, la confiance, l'égalité.

Le serviteur doit obéir en définitive, mais s'il n'est qu'une machine mécanique, il devient aussi incommode qu'inutile. Il convient donc qu'il sache vous aider de son industrie, vous résister par ses remontrances, jusqu'au degré où vous les voudrez souffrir, et faire par lui-même, sauf votre bon plaisir, tout ce que vous laissez à sa direction.

§ XCXIII.

Comment les serviteurs s'honorent de leurs maîtres.

Les hommes sont moins humiliés de l'obéissance, en raison de la grandeur de celui qui leur commande.

A mesure que la dignité du maître s'abaisse, le serviteur se rapproche.

On peut aimer sa servitude et souvent il y a des douceurs à obéir.

Le bon serviteur aime à s'honorer de celui qui le commande, il aime à le considérer et à tirer son lustre du sien.

Il jouit de sa confiance et de son estime. Il s'honore d'être utile et nécessaire à un être qu'il considère.

Il jouit de sa sécurité, il aime à s'appuyer sur son chef, à se reposer sur sa protection.

Quand le maître est juste et bon, l'amour s'attache facilement à lui.

Il est une délicatesse dont l'inférieur vous tient compte, parce qu'il vous est facile d'en manquer; ne l'humiliez pas, soyez juste, mais bon, et que dans les punitions même, il ne puisse jamais voir le désir de nuire ou les passions haineuses : c'est le cœur qui gagne le cœur.

On peut, sans être moins considéré, être accessible et familier avec des nuances et des restrictions relatives aux circonstances, aux caractères, etc., que la réflexion et le fait indiquent.

Il est, en ce genre, de fausses dignités qui sont dureté, petitesse, timidité, sentiment de faiblesse, qui parfois n'en imposent guère et éloignent presque toujours l'attachement et l'émulation.

On peut garder son autorité sans faire de ses

serviteurs des automates ; cultiver leur intelligence en les laissant agir en êtres pensans ; leur laisser régler certaines choses ; sur d'autres, les consulter ; leur permettre la remontrance en certains cas, et n'en conserver pas moins la souveraine puissance à tous égards.

§ XCIV.

Des choses frivoles.

Les choses frivoles peuvent admettre beaucoup d'esprit et beaucoup de profondeur.

Mais il y a un grand inconvénient pour ceux qui placent là leur génie, c'est qu'il y est moins aperçu que partout ailleurs.

La plupart de ceux qui y excellent ne sont conduits que par l'usage et par le tact ; et il faut convenir que, quoique le génie et la spéculation soient les seules voies de l'homme supérieur, ils ne peuvent suffire ici au succès pratique, et le cèdent même, à cet égard, à l'usage et au tact lorsqu'ils agissent séparés.

Plus l'objet du talent est frivole, et plus sa sphère d'influence est circonscrite.

Et, relativement à ces principes, que chacun

dans sa position étende ou restreigne ce qui mérite pour lui le titre de frivole.

L'intérêt des choses frivoles a besoin de l'entier concours de celui qui les sent, pour leur donner de la valeur. Il en vient peu de la chose elle-même, de ses effets, des acclamations qu'elle excite. C'est la finesse, l'exquise sensibilité, l'imagination surtout, qui lui donnent du prix. Or, ces qualités se rencontrent particulièrement dans la jeunesse.

§ XCV.

De l'amour du plaisir.

L'amour du plaisir est le penchant de la nature, il fait naître l'amour, mais il soutient faiblement la constance et moins encore l'exacte fidélité; c'est à des principes pris dans l'imagination et le cœur que tiennent ces deux qualités presque étrangères à tous ceux dont l'âme est absorbée par d'autres sujets, et qui ne sont attirés vers l'amour que par l'empire de leurs sens.

C'est une imagination et une sensibilité vives sur le sentiment de l'amour, qui lui donnent ces beaux accessoires romanesques qui forment un chapitre si intéressant de l'histoire du cœur humain.

Une imagination et une âme dépravée peuvent aussi s'y concentrer, alors elles créent ces singularités qui substituent aux jouissances naturelles du cœur et des sens, tous les genres d'égaremens, la vanité, la rouerie, la noirceur, depuis les égaremens du cœur et de l'esprit jusqu'aux liaisons dangereuses, et la dépravation du plaisir, qui use les sens et qui ensuite s'exagère et se varie sans cesse pour les réveiller.

Au milieu de tout cela, il est une manière d'aimer et de jouir qui est plus que la grossière nature, et beaucoup moins que les raffinemens romanesques ou libertins; manière assez naturelle à quiconque, avec une complexion voluptueuse, une imagination vive et animée, une âme bonne et sensible, ne fait pas de l'amour sa principale affaire; la jouissance en sera le fond, l'imagination l'ornement, le cœur en animera quelquefois les plaisirs, et en dirigera toujours les procédés. Dans cette espèce de galanterie, la vanité est méprisée, la méchanceté est en horreur, les manières sont quelquefois libres, mais le commerce est toujours sûr, et toutes les formes sont agréables.

§ XCVI.

De l'amusement et du plaisir.

L'amusement ou le plaisir ne sont pas précisément la même chose. L'amusement tient plus à l'esprit, le plaisir aux sensations. L'amusement est une situation agréable, et susceptible d'être prolongée sans lasser. Le plaisir est une jouissance que la durée lasse ou émousse, qui est plus vive et plus courte, plus ardemment désirée, plus tôt à charge, plus accompagnée de regrets. — La société, le spectacle, le jeu, la galanterie, l'intrigue, sont des amusemens; la table est un plaisir, l'union des sexes un plaisir.

On dit quelquefois que l'amusement lasse, c'est l'uniformité des occupations qui cesse d'amuser; mais comme avec la force des organes on perd la susceptibilité d'être affecté, d'être ému, on peut dire, avec vérité, que le plaisir émousse.

Tous les hommes n'entendent pas précisément l'amusement comme je le définis, et c'est pour cela peut-être qu'ils l'accusent d'entraîner la satiété; le sens qu'on donne ordinairement à ce mot est une occupation légère à des objets superficiels qui arrachent l'esprit à la méditation, les sens à la torpeur, qui nous promènent sur des surfaces riantes, font couler des momens d'oubli, qu'on reconnaît doux, et qu'on taxe follement d'être inutiles ; objet des réprimandes des vieillards, de la recherche continuelle des jeunes gens, que l'Anglais méprise, que le Français adore et sait faire naître ; joie modérée, honnête, bruyante ou libertine, suivant la tournure des caractères ; la gaîté la fait éclore, le travail l'épouvante, et fade cependant, lorsqu'elle est continue, ce n'est qu'entremêlée avec celui-ci, peut-être même avec quelques passions, qu'elle fait l'agrément, l'embellissement de la vie.

§ XCVII.

Du jeu.

Si le jeu devient habitude, il gâte tout.

S'il n'est qu'occasion, les petits avantages du savoir sur une seule partie, et les négligences qu'occasionnera chez le meilleur joueur, le défaut d'habitude, réduisent tous les jeux à jeux de hasard.

L'école du jeu ne laisse pas que d'être très instructive à un homme d'esprit.

Elle dévoile les caractères ;

Elle forme le sien propre, accoutume à la prospérité, à la disgrâce, aux révolutions ; elle exerce le sang-froid et l'empire de soi-même.

Elle rend circonspect, poli, malgré les tentations de ne l'être pas ; habile à prévenir les choses d'honneur ; habile à concilier la noblesse de traitement avec la défense de son intérêt ;

Elle apprend le commerce de la vie et à ne compter sur les hommes qu'autant qu'il le faut.

La gaîté, la gravité, selon les circonstances, s'unissent au jeu ; — mais le traitement du jeu même en est indépendant. Il doit toujours être, chez un honnête homme, calme, égal dans les deux fortunes, d'une assiette aisée et sévère, mais circonspecte.

Le joueur doit être honnête, noble, galant, mais sans duperie effective.

§ XCVIII.

Des formes.

Que de richesses, que d'avantages dans les formes du commerce !

Femmes, amis, parens, domestiques, ouvriers, gens du monde et des affaires, que de succès auprès d'eux tous, par un commerce agréable et bien entendu !

L'esprit, le caractère, le tact même n'y suffisent

pas, si l'on n'a l'expérience, la réflexion, l'étude, l'habitude de se vaincre et de se mouvoir.

L'instruction ! l'instruction ! la saine instruction !

§ XCIX.

Du ton.

Ce mot exprime un certain degré d'élévation ou de gravité ; pris dans un autre sens, il est une mesure fixe et reçue de cette gravité.

On l'emploie figurément en parlant de la manière de parler et d'agir dans la société, et l'on dit le bon, le mauvais ton, un ton honnête, un ton impertinent.

Chaque nation, chaque province, chaque ville, chaque condition, chaque société a son ton, un ton particulier que les grands connaisseurs savent bien distinguer.

Le degré de politesse et la façon de la marquer, la tournure des expressions, la parure, l'étiquette, la familiarité, le geste, la prononciation, etc., composent par leur combinaison ce que l'on appelle le ton; toutes ces choses s'apprennent par l'imitation et suivent d'ailleurs l'influence des circonstances et des systèmes ; c'est pourquoi elles établissent entre les personnes qui vivent ensemble un certain niveau, un certain rapport en tout ce qui se trouve de commun, de ressemblant entre eux ; elles forment ainsi le ton de la société prise en corps.

Ceux qui disent que le meilleur ton est de n'en point avoir, errent sur le sens du mot, car ils le confondent avec l'affectation. Le ton est la manière d'agir et de parler dans la société, au moins à certains égards. Cette antithèse puérile n'est pas la seule qui soit fondée sur l'ignorance du sens des mots.

Les nuances de ton sont innombrables, chaque ordre, chaque ville a le sien. Il est des caractères en qui il est le signe le plus saillant, comme celui de sot, de frondeur, de pédant, de petit-maître, d'élégant, de précieuse, etc.

§ C.

Du moyen d'être à la mode.

Il n'est qu'un seul moyen d'être toujours à la mode, c'est de n'être pas à la mode.

Le mérite qui fait poids conserve ordinairement sa valeur ; celui qui ne fait qu'éclat est éphémère.

Je vois d'ici un grand principe : ce n'est pas l'intensité de la réputation qui est la mesure du mérite, ce n'est pas même le genre, mais c'est la durée.

§ CI.

Du soin de sa personne.

Il est nécessaire de donner quelques soins à l'extérieur.

Un extérieur excessivement négligé, mal propre, mesquin, nuit par lui-même à la considération, et presque toujours met dans les manières un embarras qui nuit encore davantage.

Le mieux est cependant, quand il se trouve tel, que les manières ne s'en ressentent point.

§ CII.

De la bonne ou mauvaise foi dans les marchés.

Celui qui se propose d'exécuter fidèlement un marché désire s'en faire les conditions bonnes ;

il conteste ; il craint de s'engager dans des suites funestes ; il balance.

Celui qui veut agir probement, désire que tout soit stipulé ; il ne veut point se ménager des moyens de fraude, et ne cherche qu'à les ôter à son contractant.

Celui qui se promet ne pas exécuter un marché a surtout à cœur de finir ; qu'il en retire les émolumens, c'est son objet ; les charges l'embarrassent peu, il est coulant, il veut aller vite.

Mais l'homme confiant pourra aussi avoir de l'indéterminé dans sa conduite.

Celui qui sera tout à la fois despote et homme de parole, n'aimera pas les conditions, car il ne voudrait ni manquer à ses engagemens, ni gêner sa volonté.

Ainsi, il ne fixera point de pension à sa femme.

Il ne fera pas les choses par institution, par règlemens, par plans prémédités et suivis, par tâches fixées aux serviteurs ; il voudra que la volonté de chaque moment soit la règle de chaque moment.

§ CIII.

Amusemens de l'homme honnête.

Sans doute avec la liberté de nos mœurs, avec

la souplesse, la finesse, la diversité de nos goûts, de nos caractères, de nos talens, tu peux, te modelant, sans t'avilir, aux mœurs et à la philosophie de ton siècle, varier tes amusemens d'une multitude de frivolités, sacrifier à la volupté, au luxe, à la vanité même.... mais réduis toutes ces choses à leur importance, ne leur sacrifie ni la réalité ni l'apparence de la vertu; que ce soit toi qui dispose d'elles, et non elles de toi. Garde que la vanité ne te fasse immoler l'estime ou la considération; si tu es vraiment et sentimentalement grand et bon, tu aurais fait sans retour la plus grande des pertes.... Quels risques tu cours! ton honnêteté est comme la raison d'un homme qui s'évapore chaque jour, comme l'arme du soldat que la rouille attaque sans cesse. La bonté de sa trempe ne lui suffit pas sans l'infatigable vigilance du maître.

Quelque penchant que nous ayons pour la grandeur ou la fierté, il est peu de situations dans la société qui ne nous obligent à des actions de faiblesse.... Celles-ci peuvent souvent s'ennoblir, elles peuvent toujours se purger de bassesse; autrement, elles ne sympathisent point avec l'homme d'honneur.

La plus grande indépendance est le plus sûr asile contre ces humiliantes nécessités.

§ CIV.

Matière d'un sermon de morale.

Texte : POINT DE BONHEUR SANS ÊTRE HONNÊTE.

1er *point*.

Que l'amour, l'estime et la confiance des hommes, sont pour nous la source des plus grands biens, et leur privation, la mère de toutes les amertumes.

2e *point*.

Que la pratique de l'honnêteté peut seule nous obtenir les biens ;

Que fou est celui qui se flatte et se repose sur le secret ;

Que les soupçons et les incertitudes ruinent presque autant que les preuves mêmes.

3e *point*.

Que, même avec le secret complet, il n'est pas de bonheur pour le coupable, parce que la crainte d'être décélé, l'activité continuelle et forcée à laquelle on est obligé, effacent tous les avantages ;

Parce que, même avec certitude et sans peine, il reste des nuages et des troubles de l'âme qui suffisent pour tout empoisonner;

Parce que, malgré les illusions de la conscience, cette nécessité de toujours veiller sur soi, cette éternelle privation d'une confiance absolue dévorent la vie; et puis, le vin, le somnambulisme, la fièvre délirante, sont-ce des confidens sûrs?

CHAPITRE X.

Des femmes.

§ 1ᵉʳ.

De leur intelligence.

J'ai rencontré chez les femmes une intelligence fine, étendue et facile, qui pénètre en un instant toutes les parties de la pensée.

La justesse, la rapidité de tout ce qui est tact et sentiment, la multitude et la variété des aperçus qui en résultent, la grâce et la séduction que les expressions et les pensées en reçoivent, l'adresse, l'à-propos et la précision de ce qu'on dit et de ce qu'on fait, tout cela appartient à l'organisation des femmes, et la plus puissante des éducations, l'éducation de leur situation et de leurs besoins, contribue encore à le leur apprendre.

Avec du tact et de l'intelligence, on a de grands moyens de juger; aussi les femmes sont-elles bons juges, ignorance et passions à part. Mais combien l'imagination est rare chez elles !

Presque toutes les femmes à qui un moment

on croit en apercevoir, n'ont qu'un recueil de mémoire; elles ont ouï dire, vu, trouvé lentement et peu à peu les choses qu'elles débitent rapidement, et souvent semblables à tous les discours de lieux communs, elles ne conçoivent rien au-delà; elles sont fermées et impénétrables aux nouvelles idées que les hommes ou les circonstances peuvent fournir.

Il semble que la nature, en fait d'esprit, ait distribué aux deux sexes les mêmes rôles dont elle les a chargés dans l'attrait qui les réunit.

Peu de femmes ont écrit, et même parmi celles-là, l'imagination est l'espèce d'esprit qu'on trouve le moins.

La femme, plus sensible et plus faible, est aussi plus facilement éteinte et blasée par le régime destructeur qui nous consume tous.

Ignorantes par éducation, les femmes le sont encore par leur genre de vie; elles n'ont rien vu et ne voient rien à l'âge où l'on apprend à imaginer.

La timidité éteint l'imagination, et les femmes sont plus timides que nous à l'âge surtout où l'imagination domine, à celui du moins où il faut qu'elle naisse et qu'elle s'exerce pour se fortifier.

Le rôle qui leur est attribué par la société, par la nature et par nos mœurs, les forme incessamment à l'intelligence, à la finesse, presque à la divination, nullement à l'imagination.

§ II.

Mauvaise éducation qu'on donne aux femmes.

Les femmes se gâtent souvent par le commerce de leur sexe et par celui du nôtre.

Il faudrait qu'elles passassent leur première jeunesse à recevoir d'excellentes instructions, qu'on ne leur procurât que bien rarement, des dissipations mondaines, et qu'on ne leur laissât prendre plus d'essor qu'à mesure que leurs forces se trouveraient suffisantes pour résister.

Mais, ou on laisse toutes leurs facultés engourdies, par la solitude et l'ignorance, ou on expose ces vases fragiles à tous les chocs de la société, des exemples, des lectures, avant de les avoir durcis et fortifiés.

Aussi, beaucoup de femmes n'acquièrent-elles un esprit sage, qu'après avoir passé par toutes les erreurs dont elles ne retirent le plus souvent qu'une éternité de faiblesse et de nullité.

§ III.

Quelques nuances du caractère de la femme.

Si la femme critique une belle rivale, elle en loue une médiocre, pour donner à ses critiques le poids de la sincérité et de l'impartialité.

Elle blâme celle qu'on admire, elle défend celle qu'on critique.

Plusieurs modes naissent chez les femmes de l'amour du pouvoir, uni au sentiment de la faiblesse.

Régnantes, elles poussent jusqu'à la tyrannie l'exercice de l'autorité. Braver leur faiblesse, les rend lâches ; elles cèdent, implorent, supplient.

Il est bien rare de rencontrer unis chez les femmes, la probité de caractère avec cette sage confiance, cette pénétration, ce sang-froid et cette prudence qui garantissent de l'improbité des autres, et c'est pour elles bien plus que pour nous qu'il n'y a presque pas de milieu, entre être trompeuse ou trompée.

Quelle est la femme avisée qui ne soit pas fausse, la femme instruite qui ne soit pas pédante, la femme sans faiblesse qui ne s'en prévale? La femme est trop faible pour résister à la tentation de ses avantages.

Heureuse la femme qui voit au-dessus d'elle-même, s'appuie sur une force plus grande que sa force, se fie sur une lumière plus grande que sa lumière! heureuse de sa confiance, de sa sincérité, de son espérance par le sentiment de sa faiblesse!

Les hommes trouvent toujours assez de raisons pour attribuer de la vertu à la femme qui leur a cédé et pour n'en point croire à celle qui leur a refusé.

La femme a la passion de l'amour, l'homme en a l'héroïsme et les raffinemens.

Toute la pudeur, toute la délicatesse, toute la vertu que l'homme suppose à la femme, sont la source des exaltations où il se perd.

Toute la force, toute l'audace, toute la puissance que la femme suppose à l'homme sont la source de la passion qui l'attache à lui.

La femme parle beaucoup de délicatesse, de moralisme, de bizarrerie et de sacrifices; mais le plus souvent elle en parle par finesse, elle sait trop à quoi s'en tenir ; le modèle de tous ces raffinemens est en elle, elle voit sa vertu de trop près pour y croire, elle aperçoit trop la réalité pour que son imagination l'exagère.

Il faut à l'homme, pour bien aimer à sa manière, la crédulité et l'imagination. Il faut à la femme la faiblesse, l'ardeur et la sensibilité.

Dans la lecture des romans, le jeune homme s'enivre des prestiges de la magie du platonisme. La jeune fille s'attache aux réalités embellies. Elle est cependant plus près de l'autre genre que celle dont l'âge est formé, parce que son âge est celui des préjugés sincères, celui des illusions de la tête, mais avec la chute des préjugés, l'imagination s'éteint.

Un jeune homme romanesque est céladon, héroïque et délicat; une jeune personne romanesque a pour l'ordinaire un cœur tendre et des sens ardens.

Ce qui encourage le platonisme chez les jeunes gens, c'est qu'ils sont chargés de l'attaque, et que la maladresse et la timidité leur font quelquefois adopter ce genre par l'embarras d'en traiter un autre.

Je suis loin de vouloir prêter aux femmes beaucoup de vertus, mais il est certain que les hommes qui ont beaucoup vécu avec elles et qui les ont connues par épreuves, leur attribuent moins de facilité que ceux qui ne les connaissent que de loin par ouï dire, ou par théorie.

§ IV.

Cause de susceptibilité chez quelques femmes.

Quelques femmes sont si persuadées que les

hommes regardent leur sexe comme bien inférieur, au moins en quelques points, qu'elles s'imaginent découvrir les signes de cette opinion là même où elle n'est pas, et deviennent ainsi extrêmement susceptibles.

§ v.

De l'amour chez la femme.

L'amour est tout pour les femmes ; il n'est rien qu'elles ne lui sacrifient aisément, si ce n'est la maternité. La femme est une cire molle, entre les mains d'un homme aimé.

§ vi.

De la coquetterie.

Il y a diverses périodes dans la coquetterie des femmes, et dans chaque période des variétés : j'en indiquerai quelques-unes.

Dans la première fleur de la jeunesse, la femme est incertaine et curieuse du pouvoir de ses charmes ; avide d'un encens nouveau, elle désire tout ce qui le lui procure : être flattée, être poursuivie, c'est pour elle un besoin, c'est la quantité, l'exagération, la multiplicité des éloges qui lui agréent.

Quand la femme passe vingt ans, arrive pour elle la satiété des éloges, arrive aussi la sécurité sur les charmes; alors, la coquetterie lassée, le tempéramment développé, le goût raffiné, elle est plus difficile sur la louange, elle en est moins avide, elle est plus disposée à aimer.

Mais quand les femmes comptent déjà par trente, leur vanité se réveille; elles ne s'inquiètent pas alors si la beauté est née, mais si elle existe encore; comme on se sent décliner, on veut prouver à soi et aux autres qu'on n'est pas déchue; alors on force de toilette, on affiche les amans, on affecte l'étourderie ou la dissipation, on poursuit les jeunes gens, comme plus ardens et moins connaisseurs.

Puis vient le moment où les amans fuient, et où il faut renoncer à tout; alors et en même temps arrive la rancune.

§ VII.

Du sentiment religieux chez les femmes.

Certaines femmes pour l'ordinaire, doivent

également à leur cœur, et leur foi et leur incrédulité ; elles croient aux Dieux, parce qu'elles désirent leur existence ; bientôt elles n'y croient plus, parce qu'elles la craignent. Puis elles y reviennent encore, parce qu'elles recommencent de souhaiter, et parce qu'elles désirent des occupations et des sentimens.

§ VIII.

De la finesse.

La finesse est nécessaire à la femme, ainsi elle aime à en être pourvue, elle jouit de le croire, l'opinion des autres à cet égard rassure la sienne ; elle en est flattée ; accoutumée à s'en voir louée, considérée, elle y place encore sa gloire. Comment celui qui oserait lui refuser cette qualité pourrait-il ne pas lui déplaire ?

§ IX.

De l'éloignement des femmes pour les hommes sans caractère.

Comment aussi la femme ne haïrait-elle pas le caractère humble, docile, doucereux ? Outre la protection qu'il n'offre pas, et la pruderie qu'il ne satisfait pas, il ôte tout le charme de ces actes, qu'il est si doux aux femmes de s'attirer par le pouvoir de leurs attraits, de la part des hommes dont le caractère est opposé.

§ X.

De la pruderie.

Les femmes sont presque toutes plus ou moins prudes. L'une veut qu'on la croie sage, lorsqu'elle ne l'est pas; une autre demande seulement que l'on attribue à son cœur les défaites dont son tempérament est seul coupable; une troisième, plus modeste encore, veut charger son tempérament des écarts d'une imagination peu réglée.

Mais il est d'autres femmes qui, secouant absolument le frein importun des préjugés, mesurent leur gloire sur l'opinion qu'elles donnent de leur audace.

L'amour de l'estime fait aussi cacher à certaines femmes des fautes qu'elles commettent avec délices. Au reste, on doit rendre cette justice aux prudes, que c'est rarement à leur propre estime qu'elles en veulent, et que le plus ou moins de philosophie dont leurs sociétés et leurs maris font profession sur cet article, sont pour l'ordinaire la mesure du degré de leur fausseté.

§ XI.

De la jeune fille.

Les premiers regards d'une jeune vierge ne s'adressent pas au plus aimable des hommes qui lui sont connus, mais au plus aimable de ceux qui l'encensent.

Les premières palpitations de l'orgueil sont un doux bienfait dont son cœur vous garde la récompense.

Elle est timide, et c'est l'impression qu'elle a faite sur vous qui la rassure et l'amène; elle est encore craintive, elle est méfiante de ses charmes, méfiante de sa maladresse; sa coquetterie accepte les prises que lui envoie le hasard, elle brûle de les retenir; son cœur ingénu bat de plaisir et de bienveillance, mais elle n'a encore ni la hardiesse qui attaque, ni le caprice qui se passionne pour ce qui lui est refusé, ni l'égoïsme de l'amour-propre abusant de son pouvoir, ni l'énergie qui juge et choisit par elle-même.

Elle marche sur les pas de la nature, de la bonté, de la crédulité, de la timidité.

§ XII.

Du commerce des femmes.

Vivre avec les femmes, c'est mêler à toutes les actions le but de leur plaire, et les moyens qui l'effectuent. Nous tâchons pour cela d'obtenir les qualités qui les séduisent, nous désirons le renom de ces qualités, et la célébrité qui les amorce.

Pour plaire aux femmes, il faut les écouter, s'intéresser à leurs intérêts, se plaire où elles se plaisent, en un mot leur ressembler; de cette manière on apprend à voir comme elles les objets qui fixent leurs yeux, et c'est ainsi que les hommes deviennent femmes.

Les passions morales perdent à mesure que s'étendent les passions féminines. — Le repos, le raffinement, les commodités énervent.

Pour ne blesser jamais, pour chatouiller toujours et flatter à toutes les nuances ces êtres également délicats sur le plaisir et sur la douleur, il faut que la sensibilité devienne exquise, que les facultés s'assouplissent, et que toutes les forces s'évaporent.

§ XIII.

Suite.

Le Français est celui qui vit le plus avec les femmes ; de là, il contracte la forme propre à leur plaire ; il se mêle à leurs intérêts et s'impreigne de leurs passions ; il se polit au gré de leur délicatesse et de leur vanité.

Le goût des femmes, et celui des hommes modelé sur le leur, peut influer sur le caractère faible, fin, timide des productions littéraires.

CHAPITRE XI.

Sujets divers.

§ 1er.

Du peuple.

Partout la foule est ignorante et superficielle; mais selon le caractère des lieux, des peuples, des choses. Elle l'est ici avec vanité, là avec bonhomie, ailleurs avec brutalité.

§ II.

De la multitude.

Il faut considérer la multitude comme mineure, et certains de ses droits comme inaliénables, ou elle les aliénerait chaque jour.

§ III.

Des Français.

La France est le pays où il éclot le plus d'idées et où on en tire le moins parti.

L'instabilité, la légèreté du caractère n'en est pas la seule cause.

C'est aussi qu'avec toute son énergie, il y a chez le Français un certain contre-poids dans les forces, une certaine faiblesse ou douceur dans les caractères, une certaine distraction dans les objets, une certaine brièveté dans les volontés ; il y a enfin une certaine insouciance des grandes choses, après l'instant d'enthousiasme.

Le Français manque de caractère, mais aussi, excepté la portion gangrenée, qui pourtant est la moindre, il en manque également pour le mal. Un rien le détermine et le change, l'abat et le relève ; par lui-même il ne ferait guère que des folies, mais bien mené par de bonnes têtes, il leur prêtera main-forte. Seulement dans ce qui est action, il faut en attendre peu d'exactitude et de suite. Et généralement incapable de prévoir et de combiner, il se déterminera plus sur la confiance, l'amour, les préventions et les procédés que sur le fond des choses.

§ IV.

Quelques aperçus sur la marche de l'opinion en France.

L'opinion publique en masse est honnête ; elle

est presque toujours égarée au commencement, sujette à l'exaltation, et alors folle ou sublime; mais l'enthousiasme est court, sa chaleur cesse et se détourne facilement; dangereuse à heurter de front, très facile à détourner, ce qui reste après les enthousiasmes bons et vrais, est une opinion intérieure, incapable d'effets violens, qui est, à la vérité, le jugement définitif, mais qui n'est presque qu'un jugement.

Il résulte de là que l'opinion publique n'a en France que quelques effets de détail, prompts et momentanés; variable, elle n'a ensuite qu'une influence extrêmement lente sur les grandes choses.

§ v.

Influence des mœurs anglaises sur les nôtres.

Cette réputation si surprenante, sans être peut-être exagérée, à laquelle était parvenu le peuple anglais, a sensiblement influé sur nos mœurs. Abstraction faite des modes, de l'extérieur, des formes apparentes, l'imitation a modifié notre caractère, nos occupations et nos goûts. Des mêmes hommes, dont nous avons emprunté les larges cols, les couleurs sombres, la propreté simple, et l'uni modeste joint à la finesse la plus recherchée, nous tenons aussi jusqu'à un certain point le silence contempteur, le penchant pour les connaissances graves, et ce changement dans le goût qui nous fait préférer le pittoresque au grâcieux, et la beauté des effets au fini de la manière.

Il est certain que ces habitudes d'un peuple qui, naissant dans la capitale, se communiquent ensuite aux provinces et modifient la masse entière, il est certain, dis-je, qu'écloses dans un tourbillon agité par mille impulsions diverses, dans mille directions contraires, au sein d'une sphère d'activité si compliquée et si confuse, elles ont reçu d'un grand nombre de moteurs, la détermination combinée de leur course, et qu'une foule de principes ont préparé leur force, leur durée, leur manière d'être. Mais chez un peuple vain, le désir de s'attribuer le caractère d'un autre peuple qu'il admire, est au nombre des plus actifs de ces principes. Ce serait ici le cas d'analyser tout ce que nos usages tiennent de cette influence, mais c'est assez d'avoir indiqué la source pour faire discerner les effets, et ce serait entreprendre un livre que de tenter de les développer.

§ VI.

De la séparation des diverses classes de la société.

Ce n'est pas seulement la vanité qui, en France, sépare les diverses classes de la société ; c'est plus encore la grande différence d'éducation, d'instruction, de caractère, de ton, de politesse ; différences qui, au reste, paraissent diminuer tous les jours.

La force de ces différences, plus considérable en France que chez la plupart des autres nations, peut provenir de la perfection des qualités sociales de ce peuple, qui, très grande dans les hautes classes et diminuant progressivement jusqu'aux dernières, met entre celles qui sont séparées par quelque intervalle, une différence très sensible et insupportable pour celles d'en haut.

Je n'entends point dire ici que les qualités sociales soient précisément en raison des dignités ; il est des causes particulières qui sortent certaines professions de la place que cette loi leur assignerait.

Les autres peuples ayant moins généralement de ces qualités sociales et éprouvant moins le besoin de les trouver dans les personnes avec qui ils traitent, les différences d'une classe à une autre y sont plus légères et senties avec moins de répugnance.

En Angleterre, l'aisance générale, l'intérêt et l'influence de tout le peuple dans le gouvernement, rapprochent considérablement les diverses classes; quant au caractère et à l'instruction, comme quant à la considération, ces causes et d'autres les rapprochent aussi dans la société.

§ VII.

Des expatriations.

La facilité des expatriations sert le despotisme. Le commerce, la civilisation générale, plusieurs autres causes ont rendu aujourd'hui cette facilité très grande.

Le propriétaire foncier est ennemi des guerres civiles, les autres citoyens vont chercher ailleurs la justice et la liberté. L'état s'appauvrit et se dépeuple, mais il ne se révolte pas.

L'homme qui quitte sa patrie est pour l'ordinaire celui qui l'aurait troublée; c'est la transpiration qui prévient la fièvre.

§ VIII.

Du luxe.

Il y a plusieurs sortes de luxes : luxe de volupté, luxe de vanité, luxe de séduction, luxe de frivolité, etc., etc.

Le premier, sans doute le plus sage, est, en France, subordonné aux autres. Il est presque le seul connu dans l'Amérique septentrionale : il domine en Angleterre; l'Italie, l'Espagne l'ignorent.

Le deuxième est le nôtre, il comporte bien des subdivisions; il est public, privé; il est dangereux et de vanité proprement dite. Les anciens et les Anglais ont cultivé le luxe public, nous ne connaissons aujourd'hui que le privé; celui d'orgueil domine en Russie.

Le troisième est l'ouvrage de la coquetterie réciproque des deux sexes: il embrasse dans ses diverses branches des portions de chacun des autres.

Le luxe, produit du caprice bizarre, de la variable fantaisie, est celui que je nomme de frivolité; il résulte de l'inoccupation des esprits, de l'ennui du riche, de l'absence des grands intérêts; il rentre aussi dans les diverses autres classes, selon les divers objets auxquels se livre l'homme frivole dans le choix de ses hochets.

Mais tel est l'empire et l'influence de notre luxe en général, que devenu objet de besoin par l'habitude, devenu décence publique et représentation indispensable, nous nous ruinons par nécessité ; les capitaux se dissipent, quoique la portion du revenu affectée au superflu, usurpe chaque jour sur celle qui fournit le nécessaire.

En devenant général, le luxe devient décence, et en devenant habituel, il devient besoin.

Nous avons depuis quelque temps, adopté un certain luxe de volupté sans abandonner celui d'un autre genre, d'où surcroît.

La variété, la succession rapide des objets de luxe, ont reçu depuis quelque temps, une augmentation surprenante.

Le rapprochement des rangs a encouragé le petit à adopter le luxe du grand, et le grand a dû avancer encore pour conserver une distance ; progression qui ne s'arrête plus, car cette curieuse modestie de condition s'oublie chaque jour.

La dépravation, qui de plus en plus attache à l'or la considération, réduit les passions à la vanité et à l'amour du plaisir.

Les fortunes de finance, le gain des mines de tout genre, des courtisanes et gens de cet ordre, avancent le luxe. Ces gens l'étalent parce qu'il est toute leur considération, parce que l'or facilement acquis est facilement versé, et les honnêtes gens se prennent d'une fausse fierté qui les ruine, en se plaçant à côté de toute cette horde!

§ IX.

De l'élégance.

L'élégance est la combinaison de la grâce et de la richesse unies. Dans l'expression de richesse, je comprends tout ce qui est éclat et pompe.

§ X.

De la loi.

La loi est synonyme de règle; elle est le prototype suivant lequel certains êtres doivent être modifiés, en vertu d'une certaine puissance.

La loi est, dans diverses acceptions : 1° l'expression de ce qu'en vertu d'une certaine impulsion efficace, certains êtres sont obligés d'exécuter; 2° la force même qui les contraint à exécuter certains actes.

§ XI.

De la vérité.

Axiôme.

Lorsque deux choses sont vraies, l'exclusion de la vérité de l'une par celle de l'autre, n'est qu'apparente et elles sont conciliables.

Si elles sont inconciliables, l'une des deux ou toutes deux sont nécessairement fausses.

Mais il est plus facile, pour l'ordinaire, de s'assurer des deux vérités que de leur inconciliabilité.

§ XII.

De la liberté.

La liberté est le pouvoir d'agir, sans être retenu par une contrainte artificielle ou réelle.

§ XIII.

Effet des grandes qualités.

Quelque peu que certaines grandes qualités excitent l'émulation des hommes, elles n'en excitent pas moins leur haine.

§ XIII.

Des dettes.

Le monde est plein de gens qui laissent languir les dettes les plus fâcheuses, et qui, cependant, satisfont à une dépense courante fort considérable. C'est que, d'une part, il n'y a que la probité qui les sollicite à les payer, et que de l'autre, le plaisir, la considération et la vanité leur offrent une séduction irrésistible.

§ XIV.

Du commerce des sots.

Le commerce des sots tue le génie. Leurs éloges bornent le talent; leur exemple satisfait l'orgueil, laisse l'émulation s'endormir, réveille la paresse et toutes les petites maximes qui les ont fait ce qu'ils sont.

SECONDE PARTIE.

De l'Homme physique.

AVERTISSEMENT.

Ayant passé long-temps en prison dans une situation dont l'uniformité laissait juger jusqu'aux plus légères nuances des influences auxquelles l'homme physique peut être soumis, je regretterai toujours d'avoir oublié, pendant onze mois, d'en relever les observations. Je vais cependant chercher à réparer cet oubli par quelques souvenirs des réflexions que j'ai faites, à cet égard, soit pendant ma détention, soit dans les temps antérieurs.

De l'Homme physique.

CHAPITRE Ier.

Dispositions physiques.

§ 1er.

Différens modes de la nature humaine.

Les causes générales qui modifient le plus puissamment la nature humaine sont : le froid, le chaud, le sec et l'humide.

Dans les pays très chauds, les hommes sont sobres; on ne voit que sous la zône torride ces usages, ces lois, ces maximes de religion qui interdisent de rien manger de ce qui a eu vie. Le peu de nourriture et la nourriture végétale conviennent à ces peuples. Les usages que le climat a inspirés en Orient se sont retrouvés en Amérique. Exemple : les Péruviens.

Les Espagnols de la *Vera-Cruz* vivent de chocolat et de confitures : ceux de la métropole font de ces deux alimens une grande partie de leur nourriture.

Les peuples des pays froids et un peu humides sont grands mangeurs et carnivores ; tels sont les Allemands, et, plus encore, les peuples de la Prusse, de la Lithuanie, les Anglais.

L'appétit et la grande stature vont ensemble.

Un certain degré de chaleur et d'humidité produit le plus haut degré de disposition pour les beaux-arts : c'est le climat de la Grèce, de l'Italie.

Le terroir y ajoute sans doute ; mais n'est-il pas lui-même l'effet des circonstances géographiques, de la latitude et du mélange de la terre et de l'eau ?

Quelques degrés de froid, en conservant la même base d'humidité, donnent moins de subtilité, moins de chaleur d'imagination, plus de sagesse, plus de patience à observer ; c'est le climat de l'Angleterre, de l'Allemagne (nuances à part), de la Hollande, encore plus humide.

Il n'y a aucune aptitude aux arts de goût chez des peuples où le sec domine absolument ; s'il est combiné à la chaleur, comme en Arabie et en Espagne, on trouve une raideur, une gravité, une paresse habituelle, susceptibles d'un enthousiasme excessif, mais difficiles à mouvoir.

Le froid, moins combiné d'humidité, donne

des hommes sanguins, tels que les Suédois et les anciens Francs, surtout ces derniers, race où il y a de l'esprit sans talent marqué, et dont le caractère est, en général, bravoure, franchise, inconstance, légèreté.

Le froid sec n'existe guère que dans les montagnes; il donne toujours beaucoup de nerf physique, et à l'esprit une grande sagacité, mais assez peu d'imagination et de poésie.

Les pays chauds ont toujours plus de finesse, de subtilité, que les pays tempérés ou froids.

La siccité, réunie à la chaleur, donne un caractère de fierté, de constance, d'énergie, qui empêche que cette subtilité n'altère la bonne foi.

Un proverbe des Indiens dit : « Le repos vaut » mieux que l'action, le sommeil mieux que le » repos; la mort est au-dessus de tout !!! » Voilà l'effet d'une chaleur excessive.

L'amour acquiert de l'énergie en proportion de la chaleur et de la siccité; il en perd, en proportion du froid et de l'humidité; il en a plus en Laponie qu'en Hollande.

Dans les pays où l'amour n'a ni trop, ni trop peu d'intérêt pour que l'esprit s'en amuse, on trouve la galanterie.

En Europe, les hommes du Nord ont, en général, plus de masse, plus de stature; les hommes du Midi, ont plus de nerf; mais ces différences tiennent autant au degré d'humidité du climat qu'à sa latitude.

L'Espagnol est le type de la chaleur sèche; c'est l'homme le plus petit et le plus nerveux de l'Europe.

L'Italien, qui habite un pays où l'humidité est combinée à la chaleur, a bien moins de nerf et plus de stature.

L'usage des liqueurs spiritueuses est général chez les hommes du nord et ne leur fait presque aucun mal; ces liqueurs brûlent les hommes du midi; il y a chez les premiers un grand fond d'humide qui absorbe l'esprit de vin.

Quand les hommes du nord viennent au midi, ils fondent en eau, et quand les hommes du midi vont au nord, ils doivent être incommodés par l'épaisseur de leur sang.

Quoique le sang soit plus humide au nord qu'au midi, il est au midi tenu en dissolution par la chaleur, et au nord coagulé par le froid.

L'usage des eaux chaudes a bien plus de succès au nord qu'au midi; l'usage du thé est général dans le nord de l'Europe, le café semble être approprié à la région tempérée, et le chocolat est la boisson du midi.

Autant les toniques spiritueux sont contraires aux habitans du midi, autant les huileux leur conviennent; la loi de Mahomet qui interdit le vin n'a point défendu l'usage des aromates de l'Arabie, et cette loi convenait mieux encore aux Arabes qu'aux Turcs.

La transpiration des habitans du midi est de l'huile, leur sang est bilieux.

Le dissolvant des hommes du nord est l'eau ; le dissolvant du midi c'est la bile, c'est une sorte de savon produit par la combinaison des substances huileuses et alcalines.

§ II.

Dispositions physiques proprement dites.

Il est des dispositions physiques qui ne font qu'accroître la sensibilité également disposée à la douleur et au plaisir.

Il en est qui la rendent voluptueuse ou douloureuse et qui disposent les affections morales à subir la même influence.

Quand la situation physique est douce, l'homme laisse aisément ses inquiétudes, s'en console facilement, en se repliant sur ses sensations.

Douloureuse, il n'a plus la même ressource, et il est une multitude de voies par lesquelles la souffrance se communique au sentiment.

L'extrême mobilité des nerfs produite par l'inquiétude, par la variation légère et folle des pensées, par la facilité des émotions, rend l'homme vacillant et versatile au moral comme au physique.

Un sang âcre, agité, une humeur quelconque, des alimens de même nature, frappant sur les organes du mouvement et du sentiment, produisent l'action, l'inquiétude, l'impatience, la convulsion au moral comme au physique.

Le relâchement, la tension raide, les obstructions de tout genre, etc., disposent particulièrement l'âme à diverses affections.

Une foule de pensées et de sensations extérieures viennent sans cesse porter en nous le germe de divers sentimens ; ceux qui nous trouvent disposés fructifient, comme la contagion s'arrête dans les humeurs que le venin a trouvé disposées à subir son impression.

§ III.

Sur l'usage et le ménagement des forces.

Les hommes tireraient un parti bien plus considérable et plus soutenu de leurs forces naturelles, s'ils connaissaient les vrais moyens de les ménager et de les réparer. Voici sur cela quelques observations isolées et éparses.

I.

La lassitude et l'épuisement disposent souvent à manquer de sobriété, non que la nature le demande, mais on se persuade aisément que pour réparer de grandes pertes il faut une forte nourriture; comme on n'a point alors la force de l'élaborer, cette masse d'alimens surcharge la nature sans la réparer et change la lassitude en maladie.

II.

En général, l'épuisement momentané des forces exige la sobriété, mais la nature des alimens qui lui conviennent change avec l'espèce de lassitude et la nature des travaux qui l'ont amenée.

Ainsi un exercice qui a irrité et tendu les organes, tel qu'un long voyage, un violent exercice d'équitation, se répare surtout par des alimens doux, qui, en relâchant les ressorts, préparent à la nature le repos dont elle a besoin.

Un exercice qui a plus épuisé la nature qu'irrité les organes, tels que les travaux de Vénus, a besoin d'être réparé par un régime qui, en soutenant le ton de la machine, lui donne assez d'assiette pour se nourrir et même pour goûter le repos; la modération des alimens a besoin d'être soutenue par quelque tonique.

III.

La sobriété convenable après un travail fatigant, est également nécessaire.

La première maxime pour soutenir de longs et de forts travaux, est peut-être de ne pas y joindre l'embarras des digestions pénibles.

Un régime restaurant est alors celui qui convient.

Il est sage d'exiger le moins qu'il se peut de la nature pendant la digestion.

IV.

Il faut travailler ou reposer; la nature se consume par une chaleur, une activité, mises en mouvement sans but et sans emploi.

Lorsque la nature ne travaille pas, il lui faut un régime qui la repose; en exerçant son activité sur elle-même, elle se consume en efforts inutiles; elle use d'avance les forces qu'on voudra bientôt en exiger, et la durée de la jeunesse et de la vie en sera abrégée.

V.

Il faut, en tout genre de travail, ne pas brusquer et précipiter ses efforts; c'est en commençant doucement, pour arriver dans une progression de force et de chaleur, qu'on peut atteindre toute l'énergie et toute la durée d'efforts dont on est capable.

VI.

En tout genre de travail, il faut s'arrêter avant ce dernier degré de lassitude qui produit l'impuissance d'agir et même de réparer, presque toujours accompagnée de douleurs, et qui touche à la maladie.

En s'arrêtant un peu avant ce point, il n'y a presque aucune différence pour le produit actuel du travail; il y en a une immense pour la réparation et la conservation des organes, et par conséquent pour la masse du travail à venir.

VII.

La nature décidément lasse est rétive. Ce qu'on fait pour la mettre en mouvement ne sert qu'à augmenter son mal, sans pouvoir la faire : gai elle est comme cet animal qu'on peut faire mourir sous les coups sans lui faire faire un pas.

VIII.

Il y a grande économie de forces à bien ménager une convalescence, à bien réparer une lassitude, en un mot, à laisser consolider les forces naissantes avant d'en user; vouloir les faire servir dès qu'elles reparaissent, c'est miner le fond, élaguer le parfait rétablissement, amoindrir le capital, tandis que le revenu hâté se trouve lui-même, au bout d'un peu de temps, moindre qu'il n'aurait été.

Rien au contraire n'agrandit autant la masse des forces qu'un repos plein et suffisant, succédant à un fort exercice; la nature qui appelle les réparations, en prend au-delà de ce qu'elle a perdu, et se monte non au niveau de ses facultés ordinaires, mais au niveau de l'état de puissance et d'énergie dont elle vient de réparer la déperdition.

IX.

Les causes qui usent à la longue les forces, peuvent se réduire à deux principales : l'usage immodéré des facultés, et l'excès des réparations.

La première, qui est la plus commune, comprend l'abus des plaisirs vénériens, les veillées excessives, l'exercice trop violent et trop continu du corps ou de l'esprit, les passions fortes et prolongées.

La seconde a deux branches, l'abus des alimens irritans, et l'excès de nutrition ; la première branche est extrêmement commune, elle use la nature par elle-même, et sert d'ailleurs à favoriser l'usage excessif des forces ; la deuxième, en excédant les besoins de l'estomac, occasionne des indigestions et use les forces comme tout autre abus ; elle tient plus à la qualité qu'à la quantité de nourriture, et fournissant beaucoup de moyens, elle porte à l'excès de forces, et consume par elle-même ceux qui réparent constamment sans travailler.

§ IV.

Force vitale, chaleur interne.

C'est l'état général de ressort et d'élasticité qui pousse tous les organes à accomplir parfaitement, promptement, rigoureusement leurs fonctions.

Du bon état de ces forces résulte grandement la force physique et morale, le bon état des humeurs provenant de toutes les élaborations bien faites, la vigueur de la circulation, la régularité de la transpiration et des autres évacuations.

Le foyer principal des forces vitales est l'estomac; son énergie, son élasticité, sont les premières sources de la santé.

Il est des causes qui la conservent et la fortifient : celles qui la détruisent sont donc très importantes à rechercher.

L'estomac veut un exercice qui entretienne son ressort.

Les alimens solides conservent et fortifient l'estomac, les froids de même ; ces alimens l'exercent et ne le relâchent pas, mais c'est encore le cas d'éviter la fatigue et l'opération imparfaite.

Tout secours de toniques contribue en général à blaser et à éteindre l'estomac, mais ils sont utiles quelquefois pour prévenir de plus grands maux, par exemple, les mauvaises digestions, l'affaissement, la paresse longue.

Les boissons chaudes affaiblissent l'estomac, l'usage doit donc les employer avec la plus grande économie.

Trop de boissons détruit l'estomac : attendez la soif, suppléez par des alimens humides; évitez autant qu'il est possible de boire hors les repas; l'eau détend, dissout; les acides engourdissent ; les sirops crassent; abstraction faite des circonstances, l'estomac se trouve toujours mieux des liqueurs spiritueuses et acides, trempées de plus ou moins d'eau.

Les alimens gras empêchent l'irritation; ils conviennent aux tempéramens ardens et secs, mais à condition qu'ils ne détérioront pas les digestions, qu'ils ne séjournent pas, qu'ils n'amènent pas l'irritation avec embarras.

Si l'estomac n'y suffit que de temps en temps, il convient qu'un changement de régime secoue leur sédiment avant qu'il ait pu nuire, et ranime le ressort; mais les alimens gras, soit par l'encrassement et la surcharge des premières et des secondes voies, soit par la foule de maux qui les suivent, causent des inconvéniens très fâcheux. Il faut, quand on en fait usage, la plus grande attention à entretenir les voies libres. L'action, l'eau, les diètes, le ressort donné par des mets peu nourrissans, le pain, surtout le pain bis, sont les meilleurs moyens.

En général, les alimens dits consommés, qui, sous un petit volume, offrent beaucoup de nourriture, sont très contraires à l'estomac.

La lenteur des fonctions vitales conserve la constitution, mais leur interruption, leur accomplissement imparfait, ne peut que nuire.

Les tempéramens maigres, souffrent comme tous de l'excédent d'alimens fatigans, mal digérés ; mais il leur faut pour les soutenir, suffisance de réparations. Le lest les soutient, les fortifie, les repose. Le lest, surtout frais, est calme et humectant.

Si le tempérament sec tend à l'humide et se nourrit en conservant ses forces, il gagnera la souplesse et l'aisance dans toutes ses fonctions.

S'il s'affaiblit en même temps, il sera surchargé de ses nouvelles acquisitions, et deviendra sujet aux embarras d'humeur, à la dissolution ; qu'il ait donc soin de conserver les forces vitales et de ne les charger que de ce qu'elles peuvent bien régir.

Sur ce tempérament comme sur tout autre, les humides simplement relâchans, ne peuvent être que nuisibles, mais les humectans appropriés, tendent à garantir du dessèchement et de l'inflammation qui suivent facilement les excès.

Si, avec peu de réparations, il y a une grande dépense, il faut ou qu'elle se fasse au profit d'un seul organe aux dépens des autres, ou qu'elle se fasse aux dépens des capitaux et qu'elle prépare l'épuisement.

Gens qui mangeant et dormant peu, dépensent beaucoup, tendent à une consomption prochaine.

L'abondance d'activité, l'imagination, l'impatience, se rencontrent peu dans de petits mangeurs, elles n'y sont pas énergiques, mais aisées, fines et délicates.

Les tempéramens qui se consument, doivent chercher le calmant, l'humide, le balsamique, au point où ils peuvent l'élaborer.

Les tempéramens secs, rigides, se changeront un peu par les humides balsamiques, qui, s'ils ont de la chaleur, le tempèreront.

S'ils sont froids ou modérés, quoique forts, ils jouiront d'une grande suite de santé et de vigueur, en évitant suffisamment tout échauffement artificiel, tout abus de dépense par effervescence, le trop grand épaississement des humeurs et l'excessive et extraordinaire rigidité des solides.

Ils se conserveront ainsi dans un état constant et uniforme.

Ces tempéramens doivent avoir soin de ne pas laisser perdre leurs forces, ni laisser dominer la chaleur.

Quand ils manquent de développement des fonctions vitales, ils doivent autant qu'il se peut le chercher dans les moyens doux, n'ajoutant de chaleur intérieure qu'avec la plus grande économie, et surtout en raison de leur disposition naturelle à cette qualité.

La chaleur artificielle épuise les tempéramens froids; le nerf artificiel épuise également les tempéramens mous ; rien n'épuise autant que l'effort et la dépense de la chose dont on a peu.

§ V.

Du relâchement et de la tension des organes.

Dans la désorganisation jusqu'au dernier degré de l'éréthisme, il est une multitude de nuances entre le relâchement et la tension.

Le propre de la tension c'est, en augmentant les facultés, d'user les organes, de précipiter la vie, quelquefois d'empirer en inflammation.

Le propre du relâchement c'est, aux dépens de la jouissance de nos facultés, de reposer la machine, mais aussi de l'exposer à mille incommodités, et même quelquefois à des maladies qui finissent par user même plus qu'une longue excitation.

A passer à propos dans les divers degrés de ces deux états, gît en grande partie l'hygiène, puisqu'on y trouve le moyen de conserver la vigueur et la jeunesse, de procurer à la nature le développement de ses forces, sans en abuser, et de prévenir la plupart des maladies.

L'habitude de la vie doit être un état moyen qui, sans user les organes les tienne toujours en état d'agir.

Certaines gens qu'on pourrait dire en état de régime ou de convalescence perpétuel, croient très bien entendre leur santé en se tenant toujours rafraîchis, aqueux; ils sont sans moyens, tout excès les fatigue, les échauffe, les expose à des maladies; étant continuellement dans un régime qui sert aux autres de remède, il leur devient assez difficile d'en trouver d'efficaces.

Cette manière est très bonne de temps en temps, pendant un intervalle borné, pour renouveler le sang, rendre aux organes leur jeunesse et leur sensibilité; c'est mettre le cheval au vert; mais il y faut de grandes précautions; il faut éviter tout excès, tout échauffement, garder un régime très homogène, et revenir ensuite au régime habituel par une gradation très observée : quant à une forte tension, elle est bonne aussi passagèrement et pour fournir aux travaux extraordinaires; lorsque la nature est bonne et conservée, elle s'y met d'elle-même par le travail et par un régime un peu plus fortifiant que l'accoutumé.

Les veillées produisent tension chez un homme conservé, mais chez un homme épuisé, elles causent l'abattement et l'inflammation maladive.

Plus il y a relâchement et pauvreté, plus tout principe d'humeur et d'inflammation a facilité à se développer; la tension des solides les contient,

l'abondance et la richesse des fluides les enveloppent et les neutralisent.

Dans la tension, c'est le premier moyen ; dans l'état habituel, ce doit être le deuxième.

C'est un misérable usage (et presque habituel) de se préserver d'échauffement par des rafraîchissemens proprement dits, qui affaiblissent, qui produisent un état aqueux, où l'échauffement a souvent plus de facilité à percer que dans aucun autre. Dans l'état ordinaire, la bonne manière, c'est de se servir de bons alimens et de tenir les fluides dans un état riche et abondant.

Cependant, dans un état prolongé d'échauffement forcé, tel qu'un travail très long et continu peut le rendre inévitable, la combinaison des deux genres de calmant peut être bonne.

Le *régime* du travail en temps de repos échauffe, agite, use, tourmente.

Cet usage abrège moins l'existence et les facultés que l'abus habituel des forces, mais il engendre pléthore, inflammation, et à la longue il use la machine et déprave les humeurs par l'effet de l'inflammation habituelle.

§ VI.

De l'engordissement et du développement des organes.

C'est une distinction fort intéressante par ses

résultats, que celle de l'état d'engourdissement ou de développement où se trouvent les organes.

Le premier se prête aux efforts de la nature en tout genre, le second conserve ses facultés en en restreignant l'usage.

Tout état de la nature qui commence dans un état de développement, est en général brusque, il manque toujours de durée et ordinairement d'énergie.

Celui qui se prolonge et se porte à un haut degré de force, doit suivre une marche progressive de l'engourdissement à un développement parfait, *froid en commençant, chaud en avançant.*

Voici quelques-unes des causes qui engourdissent ou développent les facultés :

L'état de l'atmosphère, le sommeil, le régime alimentaire, le régime vénérien, l'action et le repos.

L'influence de l'atmosphère varie avec les tempéramens ; en général, l'état atmosphérique qui arrête la circulation et la transpiration naturelle, engourdit ; il est l'opposé de celui qui les favorise.

Le sommeil abondant engourdit aussi.

L'insomnie et la veille développent un homme robuste et conservé, tandis qu'elles ne font qu'abattre un être faible et surtout épuisé.

La nourriture sans tonique engourdit.

Les toniques propres à développer, varient suivant les tempéramens ; aux uns, il faut le mélange de quelque chose qui relâche, le lait, les huiles, la chaleur, etc. ; un tonique purement astringent et spiritueux, les raidit et les échauffe sans les développer.

Vénus abat et échauffe un individu faible ou fatigué, mais dans un état de santé et surtout de besoin, prise avec modération, elle développe, et d'autant plus que son usage est plus naturel.

L'action ménagée et surtout progressive en tout genre, développe un homme bien portant, elle excède aisément la force d'un homme épuisé qui, en général, ne connaît pas cette alternative d'engourdissement et de développement, mais seulement celle de lassitude et de fraîcheur. Le repos engourdit le premier, et donne au contraire au second le degré de force dont il est susceptible.

Les hommes accoutumés à un fort usage continuel de leurs facultés, sont en quelque sorte dans un état de développement continuel qui n'est interrompu que par la lassitude et le repos : ils éprouvent bien moins que les hommes reposés cette alternative et ces nuances d'engourdissement et de développement ; il se peut néanmoins que ce dernier état soit en eux presqu'aussi brillant et quelquefois plus que dans les hommes qui n'abusent point d'eux-mêmes, mais c'est toujours aux dépens de la durée de l'existence.

Cette disposition des organes qui fait qu'ils se conservent habituellement dans un certain degré d'engourdissement joint à l'irritabilité qui, dûment sollicitée, peut les porter au plus haut degré de développement, est le gage tout à la fois de la conservation des facultés et des plus grands résultats qu'il soit possible d'en obtenir.

§ VII.

Du relâchement et de l'élasticité.

Si vous étudiez la physiologie morale et physique, distinguez soigneusement le relâchement de l'élasticité souple.

Le premier ne donne qu'inertie, impuissance, mort.

La seconde donne l'aisance, la pénétrabilité, le calme sensible.

C'est le juste degré de nerf qui associe le sentiment et la force.

J'ai vu des hommes d'un tempérament très humide, froids et fins, absolument égoïstes, très portés à l'amour-propre, habiles et disposés à l'hypocrisie, pleins d'esprit, fins à l'observation, fins à la combinaison, ayant d'ailleurs du calme, par mollesse et froideur, mais d'ailleurs nul nerf, nul ressort énergique, nulle élévation.— Un grain d'inquiétude à ces constitutions, les rendrait, je crois, très faibles. L'absence de finesse laisserait subsister l'amour-propre, l'égoïsme, la bassesse et y joindrait la sottise.

§ VIII.

De la disposition sanguine.

La disposition sanguine se reconnaît au teint, à la couleur des yeux, aux maladies qui résultent de son excès, telles que les maux de gorge, la pesanteur de tête, les saignemens de nez, la disposition aux maladies inflammatoires, l'écoulement des hémorroïdes.

Les causes qui aggravent la disposition sanguine sont :

1° Les alimens pléthoriques ;
2° Le repos ;
3° L'excès de sommeil ;
4° La chasteté trop rigide ;

Toutes choses qui font beaucoup de sang ou en empêche la déperdition et en arrêtent la circulation.

L'excès de cette disposition conduit à la folie ; on en voit des exemples assez fréquens dans les pays où le climat et les alimens tendent fortement à la pléthore sanguine. Elle conduit beaucoup plus ordinairement à l'apoplexie sanguine.

Je crois qu'en opérant une tension habituelle dans la tête et une forte compression de la part des vaisseaux sanguins sur tous les autres vaisseaux, elle hâte le changement de couleur des cheveux. L'observation vient à l'appui de cette conjecture, en montrant beaucoup d'exemples de blancheur extrêmement précoce chez les hommes d'un tempérament très sanguin. Remarquez aussi que les animaux dont les poils sont blancs ont les yeux constamment rouges, et cette modification de plusieurs espèces se trouve principalement près du pôle, où le froid excessif resserre les canaux et opère en cela un effet semblable au gonflement des vaisseaux sanguins de la tête. Les sauvages de l'Amérique, dont le tempérament, par l'influence du climat, est extrêmement humide, ne blanchissent jamais. Ce changement de couleur provient certainement de la suppression d'une humeur colorante, soit qu'elle résulte de l'épuisement des fluides, du resserrement général des solides, ou d'une compression habituelle qui produit à la longue le même effet.

§ IX.

Remarques physionomiques.

I.

Un nez gros et retroussé, bien ouvert, annonce presque toujours de l'énergie, de l'abondance du bavardage, de l'effronterie, de l'ardeur et des passions.

II.

De petits hommes, avec beaucoup de sang ou beaucoup de muscles, ont ordinairement de la vigueur. Les premiers ont de l'ardeur, de la sensualité; ceux-ci ont de l'inquiétude, de la pétulance, de l'opiniâtreté, de la suffisance, un esprit vif, gai, méchant.

III.

Les hommes froids par flegme, sont très disposés à l'égoïsme, à une présomption calme, à la fatuité.

IV.

Des personnes avec de la graisse et du sang ont une certaine huile balsamique qui met de la souplesse dans leurs mouvemens, du parfum dans leurs sensations, une onction pénétrante dans leur son de voix, une douceur enivrante dans leur sourire et le plus caressant langage du sentiment et de la volupté dans leurs regards. L'exaltation de ces tempéramens produit le plus beau développement des facultés humaines.

C'est ce qu'on trouve surtout dans les femmes du Midi, mais, par excellence, dans les négresses qui en occupent l'extrémité.

V.

Les femmes des pays tempérés ont dans la physionomie plus de vivacité que de feu.

VI.

Celles du Nord n'ont guère d'expression agréable qu'une physionomie bonne et des yeux lucides.

VII.

Le gros ventre est signe de paresse, de mollesse; les femmes s'en défient.

Il annonce souvent, comme la fraîcheur, une élasticité flexible et les effets qui en résultent, de l'aisance dans toutes les opérations, l'esprit facile; mais avec le gros ventre, il n'y a guère de nerf ni de chaleur interne; il arrive, au contraire, souvent, quand ces choses cessent.

VIII.

Une figure épaisse dans les parties inférieures annonce toujours un certain aplomb.

Si ces parties sont osseuses, surtout si le menton est en *galoche*, j'en conclus : caractère, volonté, ténacité.

Si elles sont charnues, paresse.

Ces mêmes parties inférieures, lorsqu'elles sont courtes et menues en proportion des supérieures, annoncent impatience, faiblesse irritable, défaut d'aplomb.

Quelque chose de court dans les traits du visage, de court et de maniéré dans les phrases, dans la démarche, se rencontre avec de l'esprit, mais un esprit étroit et un petit caractère.

Un caractère et des idées élevées se lisent dans le regard net, ferme, serein.

Le genre froncé annonce une faiblesse soucieuse et chagrine, ou l'habitude d'une douloureuse contemption d'esprit.

Le tremblottement des yeux, l'incertitude des traits, annoncent faiblesse ou timidité.

Le regard détourné ou effronté est celui d'un fripon.

Dans les hommes jarretés, au regard droit et net, on trouve assez ordinairement franchise, légèreté, hâblerie, tempéramens sanguins, caractère français.

On trouve l'opposé dans les hommes arqués.

Il y a presque toujours bassesse, lâcheté, crapule, défaut absolu de courage et de honte, dans certains hommes gros, charnus, décontenancés, dont les traits sont mous, le regard faux et détourné, la tête jamais droite.

Dans un corps plein, gras, ou même sanguin et pléthorique, où il y a une grande supériorité des fluides sur les solides, on trouve souvent, suivant les modifications, folie, fureur, imbécillité.

§ X.

De la durée de la vie.

La cause la plus générale de la longue durée de la vie, c'est la siccité; et de la brièveté, c'est l'humide; c'est aussi le nerf et la mollesse, et moins absolument la domination des solides, ou celle des fluides.

L'humidité combinée à la chaleur l'abrège, je pense, davantage; cependant on a remarqué que dans l'Amérique septentrionale, où domine le froid humide, l'existence est généralement courte, avec un genre de vie très propre à la prolonger.

L'humidité presse les progrès de la vie et surtout l'accroissement, elle en presse également le terme.

La chaleur seule presse la puberté plus que les autres progrès de l'organisation; les Romains avaient placé la puberté à un âge plus précoce, et la majorité à un âge plus retardé qu'il ne convient à la complexion de presque tous les peuples de l'Europe.

Des causes qui peuvent abréger la durée de la vie, la plus puissante est l'abus des forces de la nature, lorsqu'il est habituel et long-temps soutenu.

L'excès du travail d'esprit paraît être de tous celui qui abrège le moins la vie. Il oblige la machine à bien moins d'efforts, et est ordinairement accompagné d'une grande modération dans tous les autres travaux.

Abréger la durée de la vie, ou prendre les formes de la vieillesse, sont des choses très différentes; les rides, la blancheur des cheveux, arrivent quelquefois de très bonne heure dans des individus destinés à une longue vie, et il arrive au contraire que des personnes qui n'ont point en elles le principe d'une longue existence, conservent au-delà du terme ordinaire la fraîcheur et l'apparence de la jeunesse. Les causes qui déforment la taille tendent plutôt à presser le terme de la vie que celles qui vieillissent la figure.

CHAPITRE II.

Des sens et des organes.

§ 1er.

Des sens.

On dit que nos sens nous trompent, et que celui du toucher est celui qui nous trompe le moins; on dit encore que nous avons besoin d'apprendre : il y a dans tout cela du vrai et du faux, et il y a surtout beaucoup d'obscurité.

Nos sens nous trompent fort peu, si par là nous entendons nous transmettre des idées différentes de celles que produisent ordinairement les êtres par lesquels ils sont mûs.

Mais notre raisonnement nous trompe souvent, en induisant des données offertes par les sens, des résultats qui ne sont pas justes. Or, on attribue aux sens eux-mêmes ces défauts de jugement, et on dit pour cela que les sens nous trompent, qu'il est besoin d'apprendre à voir etc. Il n'est pas plus nécessaire d'apprendre à voir, que d'apprendre à toucher; il faut apprendre à juger, sur le rapport de la vue, quelles sont les qualités relatives au toucher, ou à d'autres sens que les objets affectent, ce que l'expérience enseigne en faisant connaître les modifications relatives au toucher qui se trouvent ordinairement unies à certaines modifications relatives à la vue. On pourrait de même apprendre à juger, sur le rapport du toucher, des propriétés qui lui sont étrangères ; on y parvient même jusqu'à un certain point ; mais tous ces jugemens sont sujets à l'erreur, et si l'on dit que le plus trompeur des sens est la vue, c'est que c'est celui qui nous fournit les rapports les plus propres à en induire des jugemens ; d'où il résulte qu'il ne nous égare que parce qu'il nous instruit davantage.

Le rapport de nos sens est souvent ou plutôt toujours imparfait, parce qu'ils ne sont pas assez fins pour tout apercevoir, et que nous ne les dirigeons ni assez long-temps sur le même objet, ni avec une méthode assez appropriée pour qu'ils soient affectés par lui autant qu'ils en sont susceptibles ; mais leur rapport est rarement faux, c'est-à-dire qu'ils sont rarement affectés par une certaine combinaison d'objets, différemment qu'on ne l'est ordinairement et que ne le sont tous les hommes. Lorsque cela arrive, c'est l'effet du dérangement extraordinaire de la machine, qui affecte l'organe de manière qu'il reçoit des sensations sans cause extérieure, ou que la combinaison de celles qui lui surviennent ainsi, modifie et change les naturelles, ou que seulement la plus ou moins grande irritabilité qu'il reçoit de l'état de la machine, rend plus ou moins vives les affections que lui impriment les mêmes objets, etc... Cette dernière sorte d'erreurs, qui ne roule que sur l'intensité, est et doit être extrêmement commune; on ne peut même que difficilement trouver le point fixe auquel il faudrait les rapporter pour les juger, ces variations étant toutes dans la nature de l'être dûment organisé; et les propriétés des corps dans leur intensité comme dans leur moralité, étant des choses purement relatives. Ainsi les premières erreurs des sens se jugent sur leur différence avec ce qu'éprouvent en pareil cas tous les hommes dans l'état ordinaire. Mais les dernières, qu'on ne peut pas proprement taxer d'erreurs, ne peuvent se déterminer que par leur distance de la sensibilité moyenne, dont il serait très difficile d'assigner le juste degré.

§ II.

De l'organe vocal.

Le parler résulte de trois choses, le souffle, le creux et l'articulation, c'est-à-dire de l'impulsion de l'air, de la conformation de l'instrument qui le fait résonner, et de l'action des organes qui varient et caractérisent les sons. Je comprends le gosier dans ce que j'appelle le creux de l'instrument, quoiqu'il ait un mouvement et une sorte d'articulation. Cette articulation du gosier a son principal usage dans le chant.

La force du son résulte en partie de l'impulsion de l'air; la faculté de prolonger très long-temps l'exercice de la parole, en résulte presque entièrement.

On dit d'un homme qui a ce genre de force, qu'il a une bonne poitrine, qu'il a des poumons.

La force du son résulte en partie du creux, de la conformation des parties qui servent à faire résonner la voix. La nature de la voix en résulte presque entièrement; elle est grave, digne, sourde, sonore.

On dit d'un homme dont les organes sont heureusement disposés pour faire résonner sa voix, qu'il a du timbre, qu'il a un beau timbre.

L'articulation, qui dépend des organes de la bouche, de la langue, des lèvres, des dents, ne fait pas la force ou la nature du son, mais la netteté et la distinction de ses différens modes; et par là elle aide à sa force ou lui supplée en concourant à l'intelligibilité.

La force des poumons résulte principalement de la nature, cependant l'exercice l'augmente; on la ménage en prenant à propos la respiration, en ne se hâtant point, en ne commençant point par de violens efforts, mais en les augmentant progressivement.

Ce qui fait la voix aigre ou aiguë, c'est principalement la dilatation ou le revirement du gosier, soit naturel, soit volontaire cependant, la conformation, ou volontaire, ou naturelle des autres organes qui servent au son, y contribue aussi; pour faire un son grave, on ferme presque les lèvres, la membrane de l'estomac se retire; pour faire un son aigu, c'est l'opposé. Un son grave résonne dans la poitrine, un son aigu dans la tête, il est encore plus grave dans le ventre.

Des hommes fort gras ou chargés de sang, ont assez souvent la voix un peu aiguë, et souvent aussi une grande difficulté à lui donner passage; s'ils veulent soutenir long-temps l'exercice de la voix, le sang leur monte à la tête et ils étouffent.

Des hommes maigres, mais crispés, ont la même disposition, surtout si à la crispation des solides, se joint l'abondance du sang.

En général, la surabondance du sang nuit fort au développement de la voix, soit dans la poitrine, soit au gosier; les hommes très sanguins ont même assez ordinairement la voix rauque et cassée. Les hommes bilieux ou flegmatiques ont l'organe vocal bien mieux constitué que les sanguins, ce qui fait peut-être que le Français est des peuples de l'Europe celui qui a le moins de dispositions pour le chant.

Assez ordinairement, des hommes qui ont le ventre fort creux, ont la voix sourde et fort basse ; tel était Duquesnoy, qu'on appelait ventriloque. Barrère a une voix du même genre. Celle de Rœderer en tient aussi, mais il a plus de creux de poitrine.

Ces hommes manquent d'ordinaire de souffle pour pousser leur voix, ils ne sont pas lestés et n'ont pas de point d'appui ; il faudrait une grande force nerveuse pour y suppléer. Le vide absolu de l'estomac et du ventre, est une très mauvaise situation pour parler.

Les hommes gros et assez gras ont souvent des poumons et la voix forte, pourvu qu'ils aient suffisamment de creux, et qu'ils ne soient pas étouffés par la graisse ou la pléthore. Cazalès, Mirabeau, Maury, Foucault, la Gaussin, avaient beaucoup de poumons. Danton a la voix la plus forte que j'aie jamais entendue ; Blacons l'avait fort belle.

On a bien plus de poumons et de force pour parler, lorsqu'on est suffisamment lesté, pourvu que la digestion ne soit pas embarrassée et fatigante, par exemple, une heure après un bon déjeuner, et trois heures après un bon dîner.

Un beau timbre, une voix métallique se trouvent

souvent dans des hommes secs et nerveux, telle qu'était celle de M. de Laborde. L'abbé de Montesquiou entrait aussi dans cette classe. Volney avait une voix de timbre assez forte, grave et un peu creuse.

Les voix métalliques ont moins d'onction, de modulation et de nuances que les voix qui tiennent de la chair. Les premières, qui ne sont que timbre, appartiennent au tissu nerveux et à la construction des solides, celles-ci à l'élasticité du tissu et à la chair; si elles ont suffisamment de timbre, elles forment les voix les plus agréables qui existent, telle était celle de Blacons.

Le souffle tient partie de la nature et partie de l'exercice; le timbre tient presque tout de la nature, l'articulation presque tout de l'exercice.

La plupart des choses irritantes qui donnent momentanément de la force à l'organe vocal, enrouent.

L'échauffement enroue également, surtout le dessèchement et l'appauvrissement.

Dans un état frais et humecté, l'organe vocal est quelquefois faible, mais presque toujours net.

Pour détruire l'enrouement, il faut tout à la fois engraisser et rafraîchir les membranes, et surtout le sang.

La force de l'organe vocal demande un nerf

élastique, du lest, un fond de gras et d'humide, une chaleur développée.

Un discours, commencé avec chaleur, relâchement, sueur, sera sans force et ne se soutiendra pas long-temps ; commencé avec nerf, développé, et même irrité, il produira un bel effet, mais court.

L'effet le plus heureux et le plus durable commence avec un fonds de chaleur et de nerf; il est enveloppé, et même empâté et engourdi. On commence avec peine, mais on gagne toujours en avançant, on finit par un état de force, de souplesse et de sueur libre qui produit les plus beaux effets de l'organe comme de l'imagination, et qui peut se soutenir très long-temps dans un homme vigoureux.

Que s'il n'y a ni chaleur ni nerf au fond, non plus qu'à la surface, il n'y a rien à faire du tout.

Étant médiocrement organisé pour l'organe vocal, je ne me suis trouvé la voix forte qu'étant bien lesté, ou lorsque la discussion m'avait mis dans une sorte d'éréthisme avant de parler. — Le bon de ma voix a toujours été le printemps et l'été; en hiver j'étais engourdi; c'eût même été, je crois, une disposition constante, si mon régime, copieux en alimens humides, mêlé de choses très échauffantes et très raffraîchissantes à la fois, n'eût été extrêmement dilatant.

§ III.

De la vue.

La faiblesse de la vue et surtout la vue myope, s'accorde souvent avec la sensibilité, et la chaleur de l'imagination avec l'excellence de l'odorat. Ces choses paraissent tenir à l'extrême sensibilité du genre nerveux, à un tissu pénétrable.

La vue forte et presbite tient à un certain degré de nerf et de froideur. Le levrier est le type de cette combinaison de facultés.

Tout ce qui affecte les nerfs, affaiblit et fatigue sensiblement les yeux.

§ IV.

De l'estomac.

L'estomac est l'organe qui élabore les matières nutritives qui sont la source la plus considérable des réparations, de la conservation, de l'augmentation de notre être; ainsi c'est en lui conservant de l'activité, de la force, du ressort, qu'on s'assure la perfection de cette opération importante de qui dépend notre santé générale ; en s'assurant de la cause on s'assure aussi des effets.

Tous les excès qui diminuent nos forces, affaiblissent l'estomac ; s'il est alors surchargé de nourriture, il éprouvera une peine, qui l'épuisera davantage ; il digérera mal, et des humeurs vicieuses, suite d'une sécrétion imparfaite, resteront à notre chyle et se répandront dans tous les fluides.

La conséquence est que dans ces cas on doit manger peu, ne prendre que des alimens très digestibles, mâcher soigneusement, et craindre moins que dans un autre temps les lotions tièdes qui facilitent la séparation des alimens.

Lors, au contraire, qu'à la suite d'un régime fortifiant, l'estomac aura acquis du nerf et du ressort, des repas abondans qui pourront être élaborés, porteront dans toute la machine un chyle heureux, nourrissant, qui durcira, consolidera ses parties.

Alors les boissons froides serviront à donner à cet organe une force encore plus considérable, l'exacte mastication ne pourra que rendre l'exercice de ses fonctions plus entier et augmenter le ressort de ses muscles.

CHAPITRE III.

Activité et repos.

§ 1er.

De l'exaltation.

J'appelle exaltation cet état d'activité extrême où notre organisation sensible, vivement agitée, échauffe nos fluides, remue nos humeurs, excite la transpiration, presse la circulation. Cet état, lorsqu'il est de peu de durée, dégourdit nos organes et tient lieu d'exercice ; mais prolongé ou trop fréquent, il épuise, il appauvrit, il dessèche.

On le fait cesser en prenant des lotions froides, en chargeant son estomac d'alimens, en avalant de l'eau très fraîche. Cette dernière méthode est celle qui, pour l'ordinaire, offre le moins d'inconvéniens.

Les jeunes gens sont très sujets à l'exaltation. Elle est l'effet des passions, de calmans irritans, des veillées, de tout ce qui exalte le genre nerveux ; elle affaiblit la constitution et ôte le sommoil. Mais elle peut être utile de temps à autre pour entretenir le ressort et la souplesse des facultés.

§ II.

De la vivacité.

L'ardeur et la vivacité naturelle abrègent peut-être la vie de l'homme, mais pour l'ordinaire elles se conservent jusqu'au tombeau.

Si elles sont factices, elles l'éteignent et l'énervent avant la vieillesse.

Rien ne détruit les facultés actives et sensibles comme une existence oisive et spéculative, où l'homme qui n'est point ému, point poussé, point occupé par les circonstances, cherche dans les esprits et les aromates des émotions, des occupations, une activité spontanée.

Tel est l'homme dont l'esprit et la situation ne sont pas d'accord. Il tombe ou dans l'excès de ces choses, ou dans l'apathie ; le plus souvent il partage ses momens entre l'un et l'autre.

§ III.

De l'exercice.

L'exercice raffermit les nerfs, il fortifie les muscles, convertit les graisses en chairs denses, et chasse la sérosité; il facilite et augmente la circulation, prévient et guérit les obstructions.

Lorsqu'il est trop violent pour l'individu et la situation, il dérange les organes et les opérations.

Lorsqu'il est trop considérable par rapport à l'individu, il l'épuise, l'affaiblit et abrège la vie.

S'il est habitude constante, il devient à la longue un besoin; sa privation produit l'inquiétude; il est agent de circulation, de transpiration; ces choses cessent par son absence. Il hâte peut-être la vie et rapproche la vieillesse en raison de sa quantité, en même temps que par d'autres raisons il fait durer celle-là et rend celle-ci vigoureuse.

L'exercice particulier d'un membre y appelle la nourriture et le grossit; il est un point où il commence à l'épuiser; il hâte la vie de ce membre, mais le conserve aussi par d'autres raisons. L'effet dominant dépend des circonstances; il fortifie ou épuise les autres parties du corps, selon le membre exercé et le degré d'exercice.

§ IV.

De l'échauffement.

L'échauffement qui est un état d'irritation de certaines parties, se guérit ordinairement par l'eau fraîche, sans qu'il en résulte aucun inconvénient.

§ V.

De l'inquiétude.

L'inquiétude et la faiblesse du caractère tiennent beaucoup au physique; mais comme si l'homme devait arriver par toutes les routes à ce défaut, en effet, si commun, on en rencontre la source dans des constitutions très différentes.

La mobilité du genre nerveux en est la cause la plus ordinaire, elle embarrasse l'esprit et le caractère d'une broussaille de petites idées et de petits intérêts, qui évitent les grands traits et empêchent de s'y attacher. Elle crée une sensibilité impatiente et spontanée, toujours prête à s'attacher à tout, à créer de l'importance à ce qui n'en a pas, à grossir comme au microscope le germe de toutes les petites passions qui s'attachent aux petites choses. Libre, énergique, puissante, l'inquiétude prend un autre caractère, se fortifie, s'élève et se livre du moins à de plus grandes folies. Voluptueuse, elle est pleine de sécurité; présomptueuse, bonne. C'est surtout la gêne, la faiblesse, la souffrance, qui lui donnent ce caractère de dépit, de jalousie, d'humeur.

Ce sont, au reste, ici, les principales dispositions physiques que les causes morales peuvent beaucoup modifier.

Mais une faiblesse et une finesse qui se lient à des constitutions très molles donnent des dispositions assez semblables, telles que la taquinerie, l'humeur, des mouvemens d'impatience, d'aigreur, de méchanceté.

Au reste, ces passions sont plus passives dans ces constitutions-ci, plus actives dans celles-là.

§ VI.

Délassement des travaux moraux.

Le délassement des travaux moraux s'opère par une distraction peu pénible, telle que celle qui résulte de la conversation, et d'un exercice modéré des organes les plus éloignés de la tête, tel que la promenade ; un air frais, électrique, c'est-à-dire resserrant et un peu tonique est aussi très propre à cet effet ; il rétablit le jeu de l'organisation, assied le système nerveux, et répare d'ailleurs les mauvais effets de l'air nuisible qui règne presque toujours dans les lieux d'étude.

§ VII.

Du repos.

On a beaucoup considéré les avantages de l'exercice, mais pas assez peut-être ceux du repos.

Il en faut à tous les organes en particulier.

Surtout, il ne faut à la machine qu'une certaine masse d'activité générale, et ne pas penser qu'en se subdivisant entre plusieurs organes, elle se modère.

Les tempéramens qui ne s'irritent pas, sont moins sujets aux excès, parce que la nature s'arrête ; mais si c'est faute de moyens, comme de nerf, ou de principe chaud, les excès que les tempéramens commettent, les épuisent davantage.

§ VIII.

Suite.

Quand le corps est lassé, épuisé, il est important de ne le charger d'aucune opération pénible qui le priverait du peu de force qui lui est nécessaire.

Ainsi, on s'abstiendra d'efforts d'esprit, de plaisirs excessifs, d'exercices forcés, de digestions laborieuses, d'exaltation, car ces choses qui, dans la plénitude des forces, n'eussent servi qu'à les augmenter, porteraient alors le dernier coup.

§ IX.

Du repos sous le point de vue philosophique.

Le tourment de l'inquiétude paraît être la principale cause qui a fait desirer aux hommes le repos, et y placer l'unique, ou le plus grand bonheur.

Zénon, instituteur des Stoïciens, inquiet par tempérament et par circonstance, désira le repos et ne le rencontrant point par les voies communes, il entreprit de l'acquérir en se créant des opinions philosophiques qui lui paraissaient y conduire; ce motif concourut, avec ses autres passions et les autres causes, à modifier ses idées de la manière singulière dont elles l'ont été.

L'inquiétude ayant été dans le même temps, par diverses causes, un tourment très ordinaire aux Grecs, presque tous les philosophes contemporains placèrent le bonheur dans le repos; tels furent les épicuriens, les pyrhoniens.

Engagés dans la recherche de la vérité, plusieurs philosophes de l'antiquité furent exclusivement entraînés par la passion philosophique.

Les notions concrètes offrant rarement la vérité exacte, l'offrant très multipliée et diverse, la passion philosophique les retint dans les abstractions; ce fut là que les philosophes, trouvant une nourriture plus conforme à leurs désirs, placèrent le bonheur dans la contemplation : tel fut Platon.

Ces opinions, ces goûts, cette vie, conduisent à la présomption; la gloire publique l'autorisait; les philosophes purent donc voir dans cette vie contemplative des abstraits, la supériorité, la gloire, et aussi la sagesse, la vertu, mots dont les correspondans recevaient des sens divers, selon les passions et les idées de ceux qui les employaient.

Ils purent donc se croire utiles, en tant qu'instructeurs des hommes et des républiques ; vertueux et sages, autant que savans.

Épicure avait sur presque tout des idées saines. Une grande partie de sa doctrine nous est donnée dans le poëme de Lucrèce qui, Épicurien lui-même, n'a presque fait qu'orner des charmes de la poésie, des idées tirées du système de sa secte.

On pourrait s'étonner des opinions bizarres des philosopes anciens, et les attribuer uniquement aux altérations des transmissions. Mais l'extravagance égale des idées enfantées de notre temps nous les fait juger possibles, et cette certitude nous invite à l'investigation des routes par lesquelles l'esprit humain s'égare.

Nous y trouvons la connaissance de l'homme, celle des lois générales et particulières auxquelles il est soumis, celle des fausses routes, une certitude plus complète de l'erreur de certaines opinions, et des nouveaux moyens de les distinguer des vraies.

Les cyniques servirent de modèle aux stoïciens, mais les cyniques n'avaient guère qu'une pratique ; les stoïciens fondèrent la leur sur une théorie.

§ x.

Du sommeil.

Beaucoup de sommeil engourdit, les canaux nerveux s'obstruent : de là peu d'activité, esprit nul, digestions lentes, appétit faible ; on acquier modérément, on perd très peu, on s'enrichit lentement, mais on ne jouit pas. L'organisation contracte une nature molle, lente, flegmatique.

Si on corrige cet état par les exaltans stomachiques, il en résulte de l'appétit, de l'activité, mais aussi de l'irritation.

Si c'est par l'exercice, on obtient une dissipation morale et physique agréable, de l'activité, de l'enrichissement en tout genre.

§ xi.

Suite.

En général, il semble qu'une plus grande activité, une plus grande dépense de force, augmente le sommeil.

Dans une vie molle, il faut une sorte d'artifice pour se procurer le sommeil, lequel exige impérieusement son tribut dans une vie active.

Cependant une vie extrêmement calme, un régime extrêmement doux, s'accordent sans travail à réparer les forces, avec une assez forte dose de sommeil habituel; le repos devient l'état habituel de la nature.

C'est surtout une manière d'être excitante et fortifiante, sans jamais user les forces qu'elle met en mouvement, qui rend le sommeil difficile.

Si un corps très reposé dont les forces se sont accumulées dans une atmosphère froide, dans un régime nourrissant et calme, vient d'être développé et mis en action par un changement d'atmosphère, de situation morale ou physique, il éprouvera facilement une forte insomnie.

Un bon sommeil, à la suite de l'insomnie, produit la situation la plus heureuse où la nature puisse se trouver; il procure force, souplesse, fraîcheur, circulation.

L'insomnie développe d'une manière remarquable ; elle fortifie même momentanément, lorsqu'elle est modérée et dans un naturel vigoureux et reposé. Si elle se prolonge en continuant de développer, elle affaiblit sensiblement : on se met au travail avec aisance et chaleur, mais bientôt on éprouve faiblesse et lassitude.

Cet effet qu'elle produit sur un corps vigoureux en se prolongeant, elle l'opère avec moins de temps, ou même à la plus légère épreuve, sur celui dont les forces sont médiocres ou sont tout-à-fait usées.

Certains hommes veulent, pour dormir, avoir l'estomac libre et d'autres l'estomac lesté. Les premiers sont fatigués et agités par le travail de l'estomac, et les autres par ses besoins.

Bien loin que les alimens tiennent lieu de sommeil (ce qui pourtant pourrait avoir lieu dans un état d'éréthisme en usant rapidement la machine), une plus forte dose habituelle d'alimens demande, tout égal d'ailleurs, une plus forte dose de sommeil.

Cependant, le sommeil tient, à un certain point, lieu d'alimens.

En général, le sommeil conserve, ralentit la progression de la vie, au lieu que la privation ou l'insuffisance habituelle de cette réparation, la hâte.

§ XII.

Du coucher.

L'usage fréquemment ramené des couches dures, incommodes, tels qu'une chaise, une botte de paille, un plancher, donne l'avantage de s'endormir et de reposer dans les instans de relâche, quel que soit le lieu où l'on est placé : faculté qui, pour les gens dont la vie est active, est d'une extrême utilité, puisque sans enlever de temps au travail ou au plaisir, elle procure les réparations nécessaires et renouvelle sans cesse les forces qui doivent y être employées.

CHAPITRE IV.

Influences de l'atmosphère.

§ 1er.

De l'influence de l'atmosphère sur le corps humain.

Le vent du midi est chaud, il développe, échauffe, excite facilement la transpiration, creuse l'estomac, presse la digestion.

Dans le commencement, il donnera plus de force et surtout plus d'activité à toutes les facultés, mais à la longue, par une déperdition et une transpiration trop fortes, il appauvrit, échauffe et épuise.

Le vent du nord est sans humidité; il est doux, régulier, maintient la force, l'assiette, l'équilibre, les solides fermes, les fluides calmes, la circulation et la transpiration régulières et tempérées; c'est le temps de la santé.

Il est favorable à un travail régulier et tranquille, mais il ne procure pas ces élans et cette exaltation que donnent une forte chaleur et des vents pénétrans.

Le temps serein avec brouillard humide, est très relâchant.

§ II.

De l'influence de l'atmosphère, à raison des différences de lieux.

Un air sec et vif, tel qu'on le respire principalement dans les lieux élevés, produit le nerf et toutes les qualités qui en sont le résultat, c'est-à-dire force nerveuse, liberté d'haleine, netteté d'idées, sagacité. Il produit aussi la maigreur ou plutôt la composition sèche, dense et substantielle.

Un air gras, mêlé de brouillards, tel qu'on le respire sur les bords des grandes rivières, produit une substance graisseuse et humide dans la composition, il nourrit par lui-même et cependant invite à manger.

Un air très variable dans sa température, sa direction, sa composition, tel qu'on le respire dans des lieux où se réunissent plusieurs vallées diversement dirigées, au pied des montagnes couvertes de neige, situation si ordinaire au voisinage des Alpes, produit les variations fréquentes dans la situation des organes, l'irrégularité de la transpiration et tous les maux qui en résultent, tels que maux de gorge, de dents, maladies de la peau. Il produit des races d'hommes avec un nerf médiocre, sans embonpoint et sans fraîcheur.

L'air chargé d'humidité, tel qu'on le respire dans le voisinage des eaux stagnantes, rizières, étangs, marais, produit faiblesse de fibre, composition humide, sans embonpoint et surtout sans fraîcheur; formes assez souvent alongées, démarche molle, parler lent; ni courage, ni générosité, ni franchise; esprit ordinairement sans chaleur et sans force, mais non dépourvu d'une certaine sagacité et surtout de finesse et de ruse; disposition fiévreuse, briéveté de la vie..... Ceux qui nés dans une autre atmosphère viendront habiter celle-ci, éprouveront une partie de ses effets.

Dans cette atmosphère, les animaux sont comme les hommes, et l'espèce y est dégradée, tel est le cheval.

§ III.

Effets de la chaleur sur le corps humain.

Le premier effet de la chaleur est de dilater le

sang sans relâcher les solides, c'est l'effet du printemps.

Le deuxième est de développer les organes ou de les affaisser suivant la conformation, c'est l'été plein.

Le troisième est l'appauvrissement et le dessèchement du sang, c'est la fin de l'été.

La grande chaleur influe sur les solides en les relâchant, et sur les fluides en les dilatant, les desséchant, les appauvrissant ; c'est la réunion de ces deux causes qui opère en général les maladies qui règnent à la fin de l'été.

Pour parer au relâchement et même quelquefois à la transpiration, on prend souvent des alimens âcres, toniques, échauffans, qui peuvent produire pour le moment l'effet désiré, mais qui cependant augmentent l'effet de la chaleur et de la transpiration sur les humeurs. La fatigue ajoute aussi puissamment aux effets des mêmes causes.

Le régime qui combat l'effet de la chaleur est celui qui agite peu le sang, qui le condense, le lie, le congèle, qui répare la partie humide, et cependant, loin de relacher les solides, entretient le ton de la fibre.

Le lait, les végétaux, sont la principale nourriture des pays chauds.

Les fruits bien mûrs.

Les farineux; — le pain; — le chocolat; — les boissons acidulées.

L'eau pure est en général nuisible, l'eau chaude encore plus. Un régime trop aqueux est relâchant et dissolvant, il l'est beaucoup plus lorsque l'eau s'y trouve pure.

Il faut une quantité modérée de toniques.

Ce régime peut se diviser en deux espèces, l'humide et le sec. Le premier, composé de fruits frais, de riz, d'orge, etc. Il ne convient qu'au repos ou à un exercice doux. Quoique aromatisé, il ôte les forces et entretient un fond aqueux qui se fond à un exercice violent. L'autre se compose de chocolat, de fruits secs ou confits, de froment, d'une petite quantité de viande faite, régime avec lequel on soutient les travaux les plus pénibles et qu'il faut seulement garantir de l'inflammation en employant à propos ces acides rafraîchissans que la nature a presque partout rapprochés de l'extrême chaleur; mais ce régime demande de la sobriété, la trop grande quantité engendrerait infailliblement la pléthore et l'inflammation.

Une chaleur forte et surtout avec un air étouffé et sans ressort, dilate prodigieusement les humeurs et les fait fermenter, en même temps qu'elle diminue l'action des solides sur elles. Travaillant sur un fond riche, elle développe une grande force sanguine; elle produit la chaleur érotique, la chaleur de tête, mais sans netteté, et avec insomnie...

Cet état use la machine de plusieurs manières : il occasionne une forte dilatation dans la peau, dans les membranes, en un mot, dans toutes les enveloppes. Il les relâche, les amollit et les ride lorsque son effet est passé.

Le remède ou le préservatif de cet état est dans la sobriété, les calmans, les acides.

§ IV.

De la transpiration.

L'inhabitude de la transpiration, produite par une athmosphère habituellement froide, prévient les maux qui résultent de son interruption. C'est par une scholie du même principe que l'exposition habituelle au grand air, garantit des maux que son action produit quelquefois. Il en est de même de l'humidité, soit que les organes se blasent à ses impressions, soit que par l'exercice ils acquièrent la force de les repousser, soit que le resserrement de la fibre opère seule tous ces effets.

§ V.

Suite.

La transpiration insensible est une excrétion naturelle et nécessaire ; il est bon que les facultés se rendent capables de l'entretenir avec le plus parfait équilibre.

Mais la forte transpiration et la sueur sont nuisibles, soit comme signes et causes de faiblesse, soit à cause des maux qui accompagnent leurs variations. Il est bon d'accoutumer les facultés à s'en passer et même à y résister autant qu'il est possible.

S'il y a suffisamment de ton, la nature chassera par d'autres voies les humeurs qui s'y destinent.

Non seulement la suppression des sueurs n'est pas contraire à la transpiration insensible, mais la même force qui supprime les premières, contribue à entretenir l'uniformité de celle-ci.

C'est par la vigueur jointe à une souplesse et à une humidité suffisantes, qu'il faut travailler à entretenir la transpiration.

§ VI.

De l'humidité.

L'humidité froide et surtout aux pieds, contrarie éminemment les fonctions vitales et contribue à tous les dérangemens qui proviennent de leur interruption, de leur imperfection.

Il sera avantageux de s'y aguerrir dans les situations où la constitution vigoureuse n'ayant rien à en redouter, ne recevra de son attaque que l'habitude d'y résister ; mais il sera très convenable de l'en garantir dans les momens de faiblesse ou de dispositions maladives, où loin de la fortifier, cet ennemi extérieur ne ferait qu'y introduire un désordre, propre à augmenter sa faiblesse, pour le présent et pour l'avenir.

CHAPITRE V.

De l'influence des alimens et des boissons.

§ I.

De l'influence des alimens sur le physique et le moral de l'homme.

Dans les pays chauds, où les hommes sont sobres, se trouvent les alimens substantiels qui renferment plus de nourriture dans un moindre volume, qui se digèrent lentement, lestent longtemps l'estomac, et sont moins corruptibles.

Dans les pays froids et surtout humides (mais presque partout le froid tient en condensation une certaine masse d'humidité), toutes les productions animales et végétales sont moins denses, moins succulentes ; l'homme consomme un plus gros volume de nourriture, la digère plus vite ; il ne saurait y supporter ni une aussi grande sobriété, ni une aussi grande privation.

Dans l'une et l'autre région, la sobriété et la gloutonnerie sont l'effet, partie de la nature des alimens, partie de la constitution des individus, qui toutes deux sont le produit immédiat du climat, du sol et de l'athmosphère.

Ce que le nord de l'Europe est à l'Espagne, l'Amérique septentrionnale, par l'effet de l'extrême humidité, l'est presque au nord de l'Europe.

Il paraît, par l'expérience du nord et du midi, que l'eau tempère les toniques spiritueux, et que l'huile ou la graisse enveloppe les aromatiques.

La nature ne détermine pas seule la quantité de nourriture qu'il faut à chacun. Non seulement le genre et la quantité de travail, l'air et d'autres causes y influent; mais l'habitude seule y peut avoir une très grande part.

L'habitude d'engloutir un gros volume d'alimens, dilate les membranes de l'estomac, de sorte qu'elles ne peuvent plus exercer de ressort sur un petit ou un médiocre volume; on en est plus lesté, l'inquiétude nerveuse en est plus calmée, et l'effet peut venir au point de digérer avec peine une quantité modérée d'alimens, lorsqu'on en digèrerait dûment et avec facilité une beaucoup plus considérable.

L'habitude de manger très peu, produit l'effet opposé.

La variété dans le volume habituel de nourriture, donne à l'estomac une élasticité qui le rend susceptible de se dilater pour recevoir et digérer une forte quantité d'alimens, de se retirer pour une moindre, et même de se soutenir par son propre ton pendant une longue privation. Il n'est pas douteux que les anciens, chez lesquels cette qualité était si estimée, ne s'y fussent fortifiés par l'exercice et l'habitude, quelque avantage que donne d'ailleurs à cet égard une fibre naturellement ferme et nerveuse et une richesse d'humeurs capable de fournir long-temps, sans réparation, aux besoins de la nature.

Cette habitude variée, quand la nature peut la soutenir, est certainement la plus avantageuse.

Une très légère quantité habituelle d'alimens, donne à tous les organes une activité libre et facile qu'avec un genre de vie tranquille et laborieux on peut facilement confondre avec de grandes facultés, mais quoi qu'en disent quelques médecins, je ne crois point qu'elle rende la nature capable d'énergie, de chaleur et de grands efforts fréquens et soutenus, au physique non plus qu'au moral. Unie à un travail disproportionné, cette sobriété excessive use très promptement la nature.

Une très forte quantité habituelle de nourriture, lorsqu'elle est élaborée par une grande chaleur naturelle ou factice, et employée par un fort exercice habituel des organes, peut produire une très grande force, une très grande activité des facultés naturelles; mais si cet état se prolonge, c'est certainement aux dépens de la durée des forces et de la vie.

Par la supposition de cet ensemble de circonstances, la surabondance de nourriture use les forces par le labeur de la digestion, surcharge la nature d'humeurs superflues et bientôt maladives, abrège la vie, produit toute espèce d'incommodités, et loin de donner une force, même momentanée aux facultés naturelles, les enchaîne et les anéantit.

Ce qui rend l'homme capable et le fait durer, c'est une quantité d'alimens justement proportionnée à son tempérament, à ses travaux, au climat qu'il habite.

Il est impossible de donner une mesure générale de ce qui doit varier avec toutes ces circonstances ; le meilleur guide est certainement le besoin de la nature, lorsqu'elle n'a point été déformée par des habitudes qui, forcées d'abord par la volonté ou par la sensualité, acquièrent un empire auquel il est très difficile de se soustraire. Le grand Frédéric lui-même, a hâté sa mort de plusieurs années, pour n'avoir pu dompter l'habitude de manger avec excès.

Les alimens surmontent les forces, les forces dominent les alimens, ou les uns et les autres se balancent.

La première combinaison ne doit jamais avoir lieu ; la seconde est nécessaire à l'action de la nature et doit, en général, être habituelle ; la troisième est quelquefois bonne et même nécessaire, pour calmer et reposer les autres organes en en occupant un.

§ II.

De l'eau.

L'eau médiocrement fraîche et administrée à propos, est très propre à prévenir et à guérir l'encrassement des premières voies, les embarras, les obstructions, etc.

J'ai éprouvé plusieurs fois qu'elle peut se prendre pendant le cours de la digestion, sans la déranger, et en la servant, si la difficulté provient d'encrassement.

Elle aurait, peut-être en général, plus d'inconvéniens sur l'estomac vide, elle nuirait, elle relâcherait.

Elle sera souvent utile pendant un régime gras, avec l'usage du lait, des farineux.

L'eau fraîche avec soif s'absorbe et rafraîchit; autrement, et surtout prise en grande quantité, elle devient, selon les cas, indigeste ou purgative.

L'eau acidulée devient extrêmement utile, elle cesse d'être purgative et se digère mieux.

§ III.

Des boissons chaudes.

L'habitude des boissons chaudes perd la constitution; plus elles sont liquides et irritantes, plus elles sont nuisibles.

Elles énervent l'estomac, éteignent le foyer des forces vitales, détendent les muscles, altèrent par ces causes toutes les fonctions de la vie et toutes les humeurs qui en proviennent.

§ IV.

De l'usage du café et de son influence.

Les orientaux prennent le café en bien plus grande quantité que les Européens : ils le prennent à grandes doses et presque à toute heure; on dit aussi qu'ils le prennent beaucoup moins chargé.

Plus il est léger et faible de qualité, plus l'effet de l'eau chaude y domine, et plus il est relâchant et produit l'inquiétude.

Plus il est chargé, plus il est tonique; il opère

alors plus de force et de tension, une chaleur plus nerveuse, moins vague et moins inquiète.

La forte quantité augmente l'effet, si la qualité est bonne; dans le cas contraire, l'effet de l'eau chaude augmente plus que celui de l'aromate.

La forte quantité prolonge l'effet encore plus qu'elle ne l'augmente; si elle est excessive; elle porte souvent le sang fortement à la tête et enivre.

S'il est pris tiède ou presque froid dans une assez forte quantité relativement à l'habitude, l'effet est tardif, mais le moment venu, il est aussi fort et aussi prolongé pour le moins que s'il eût été pris plus chaud.

A qualité égale, le moins brûlé est beaucoup plus actif. Il faut qu'il soit peu rôti, moulu gros, mis à forte dose dans l'eau bouillante et laissé peu de temps au feu.

Du café médiocre, préparé de cette manière, fait plus d'effet que du fort bon café mal préparé.

Que, plus brûlé, il agisse davantage comme amer; qu'il soit moins exaltant, mais plus stomachique, plus astringent, cela peut être, et même cela est.

Cette liqueur est, je crois, non seulement fort agréable, mais fort utile, au moins, aux hommes sédentaires, pourvu qu'ils en usent avec modération et à propos.

Le vin est le tonique qui convient le mieux aux hommes qui fatiguent du corps, et le café aux hommes de cabinet. Il facilite et presse la digestion bien plus que le vin qui, pris avant le repas, le prépare, mais qui, mêlé aux alimens, a, je crois au contraire, l'effet utile peut-être pour les gens de peine, de la rendre plus lente et de tenir plus long-temps l'estomac lesté.

L'usage approprié du café prévient les maladies qui résultent de l'inertie, de l'accumulation et de la stagnation des humeurs, de la contagion putride, scorbutique, etc.

Il développe et accroît momentanément les forces corporelles.

Il donne de l'activité à l'esprit, rend les idées nettes, aide à exprimer, à lier, à enchaîner les idées qu'on a déjà conçues, plus qu'à en concevoir de nouvelles.

Quoiqu'il réveille toutes les facultés de l'âme, il est certain qu'il est plus favorable à l'intelligence, à la logique, en un mot à l'entendement, qu'au sentiment et à l'imagination.

Les médecins ont attribué quelques maladies nouvelles et surtout la fréquence de certaines incommodités autrefois peu connues, à l'usage des eaux chaudes ; je pense que ceux qui observent la marche de l'esprit humain, pourraient leur attribuer en partie la direction qu'il a pris dans ce siècle vers la philosophie, l'étude des sciences exactes ; en un mot, vers une nature de travaux qui tiennent plus à l'intelligence qu'à la mémoire, au sentiment et à l'imagination.

L'abus de cette liqueur peut causer des maladies inflammatoires, appauvrir le sang, attaquer les nerfs, affecter la vue, énerver le corps.

Je pense qu'excepté quelques maladies inflammatoires où il a pu être compté dans le concours des causes, on citerait assez peu d'exemples où il ait sensiblement abrégé la vie ; il s'en trouverait cependant quelques-uns dans les maladies de consomption, surtout chez les femmes ; ensuite, chez un assez grand nombre de personnes qui seraient devenues plus délicates, plus sujettes à de légères incommodités sans en éprouver de maladies graves et sans que leur vie en soit abrégée.

L'abus du vin fait mourir une multitude d'hommes avant l'âge.

J'ai vu le café empêcher la sueur en donnant du ton à la fibre ; d'autres fois l'exciter, soit en agitant le sang, soit en agissant sur les solides comme relâchant.

Les huiles aromatiques excitent souvent une sueur huileuse, très différente de celle qui est aqueuse et qui se porte surtout aux mains.

Le café augmente sensiblement la force de l'organe vocal, mais il enroue.

Dans un état développé, l'usage du café est plus prompt et moins durable ; dans un état engourdi, il est plus tardif et plus long.

Son effet est puissant sur les convalescens qui, par leur situation et leur régime, ont une sensibilité et une jeunesse recommencée ; il est faible dans la pléthore, quoique moins mauvais que le chocolat et le vin, parce qu'en échauffant, il nourrit et ne surcharge pas ; il produirait même l'effet opposé si la pléthore était humoreuse et mêlée d'engourdissement, mais si elle est purement sanguine et inflammatoire, il est très nuisible. Dites de même des rhumes.

Dans l'état de santé, il prévient la pléthore même sanguine, loin de la produire.

Pris sur l'engourdissement et la paresse, le café les dissipe ; sur le véritable relâchement de tempérament ou de situation, il ne fait le plus souvent que l'accroître et y joindre une inquiétude pénible ; sur la lassitude, suivant sa nature et son degré, il la soulage et la soutient, ou ne fait qu'y joindre l'échauffement ; sur le nerf, le ton, l'éréthisme, il le nourrit, l'augmente, pourvu qu'il ne soit que proportionné au travail de la nature, car s'il l'excède, il tourne en ivresse, en échauffement maladif, même en relâchant, et par tous ces moyens en incapacité.

Son abus fait moins de mal aux hommes forts

et nourris qui ont tout à la fois nerf humide et graisse ; il en fait moins aussi aux hommes secs, denses, raides, froids, qui n'ont point en eux le germe d'une chaleur consumante et qui sont les hommes les plus robustes qui existent ; il tue les tempéramens faibles, humides et irritables.

Dans les temps de ma vie où j'en ai habituellement usé, il m'a fait sentir le besoin d'une nourriture suffisamment humide, mais surtout abondante, nourrissante et grasse, qu'il fait naturellement rechercher et qui en est, je crois, le meilleur correctif. Une nourriture toute sèche et substantielle deviendrait inflammatoire, une toute humide mènerait à la ruine des nerfs et à la consomption ; pour tempérer ce qu'il a de trop actif, il faut surtout qu'il ait à travailler sur des humides forts et abondans et sur des nerfs suffisamment enveloppés.

L'usage du café, loin de produire la pléthore sanguine, la prévient (ce qu'il tendrait à produire, c'est dessèchement et appauvrissement); il agite et remue le sang et les organes, en quoi il donne de l'esprit, de la mobilité, de la finesse, des idées ; mais il ne produit pas un principe durable de force et de chaleur, comme les alimens échauffans, qui fournissent de la substance ; aussi, loin de tenir lieu de nourriture, il en exige ; il ne produit point de tension soutenue dans les organes, mais plutôt l'opposé ; il est en général plus contraire que favorable aux facultés de la génération, quoique souvent fort utile après, pour soutenir et faire digérer.

§ V.

Suite.

Le café dessèche considérablement.

Pris sur un encrassement déjà formé, j'ai remarqué que souvent il s'opposait à la digestion, soit en augmentant la construction des solides, soit en desséchant les fluides, ce qui ne m'empêche pas de penser qu'il ne pût produire l'effet opposé s'il travaillait sur des organes lâches et paresseux, sur un fond humide, ou s'il agissait de concert avec une diète longue, avec une longue veille, ou si par son excellence ou sa nouveauté, il se trouvait capable de produire une crise violente.

Je l'ai depuis éprouvé très utile sur un fond humide, sur des solides lâches, sur une action lente et molle, mais il est nuisible lorsqu'on en prolonge l'usage.

Il est bon qu'il travaille sur la substance. Si le fond est maigre ou simplement humide, l'agent sera brûlant dans le premier cas ; brûlant et parfois sans guérir la mollesse, dans le second.

J'ai personnellement éprouvé qu'une tasse de café sur l'estomac libre et sans alimens, entretient et augmente l'action des forces vitales.

Autrement elle produit principalement du relâchement, des flatuosités, un appétit tardif ; ce dernier effet est plus sensible en raison de la quantité de la boisson ; c'est l'effet ordinaire de toute potion où l'action de l'eau chaude domine.

Quand il règne de l'engourdissement, de l'embarras dans les forces vitales, de l'obstruction, le café seul a peu de puissance pour les dissiper ; il produit plutôt une inquiétude gênée et de l'irritation.

Il faut alors qu'il soit soutenu par de l'exercice, et lesté de bons alimens et de vin.

Ces moyens ne sont appropriés que sur un fond qui n'est pas suspect de siccité, de constriction, ou d'inflammation, auquel cas, il faudrait toujours commencer par relâcher et humecter.

§ VI.

Du thé.

Le thé a au plus haut degré le vice des eaux

chaudes; il est relâchant, énervant et irritant, il affecte le foyer des forces vitales; il a moins d'inconvéniens dans les climats froids, avec les alimens gras.

En général, dans le midi, il faut le considérer comme remède. Mêlé au lait, il a bien moins d'inconvéniens et peut sans trop de danger devenir habitude pour les uns et régime pour les autres, le tout préférablement en hiver.

Comme remède, il est très propre à nettoyer les premières voies, même les enrouemens, en provoquant la transpiration.

Quand il est destiné à ce dernier effet, il sera souvent plus avantageux mêlé avec du lait.

§ VII.

Du chocolat.

Le chocolat produit puissamment la pléthore sanguine, conséquemment les divers effets de cette disposition, tels que sang à la tête, maux de gorge, enflure et écoulement des hémorroïdes.

Il favorise les forces vénériennes.

§ VIII.

Du lait.

Le lait, aux tempéramens qui le digèrent, est nourrissant, calmant, balsamique; il a une multitude d'utilités personnelles et casuelles dont je ne donne point ici l'énumération.

Mais par un usage non interrompu et sans précaution, il tend à la plénitude et à l'encrassement, jusqu'à produire par ces moyens des maux quelquefois supérieurs aux biens qu'il procure. Il sera donc convenable de l'interrompre à propos, et de le remplacer par des alimens appropriés, des diètes ou tel autre moyen qui balaye ses dépôts.

Au reste, dans les détails même, le lait est un aliment critique, qu'il ne faut pas employer mal à propos. Sa susceptibilité d'aigrir, de cailler, sa qualité grasse, sont les circonstances auxquelles il faut avoir égard dans les précautions.

§ IX.

De l'usage des toniques.

Distinguez soigneusement les toniques pris

comme remèdes, de ceux pris pour entretenir la santé.

Dans le dernier cas, on ne saurait en être trop économe.

Dans le premier, il faut l'être encore, quand la nature, avec peu de frais, peut se guérir d'elle-même ; le mal souvent lui nuit moins que le remède, mais cela n'est pas à beaucoup près toujours exact.

Alors reste encore dans toute sa force le précepte de l'administrer habilement, tel qu'il produise son effet avec moins de mal, moins de quantité et de répétition.

Les toniques desséchans sur un tempérament déjà desséché, ne peuvent produire qu'intensité de mal.

Loin de remédier aux obstructions, ils ne font pour l'ordinaire qu'en augmenter le vice, en resserrant les solides, en appauvrissant les moyens, après l'instant passé de leur action.

Si, cependant, par une grande énergie vitale, par le secours de causes concourantes, telles qu'action, diète, veille, ils parviennent à opérer le rétablissement des fonctions, il faudra prévenir le retour du même mal et l'arrivée de mille autres en se hâtant d'humecter, et en prenant toutes les précautions propres à prévenir et la prostration des forces et l'encrassement, maux si menaçans dans l'état de siccité et d'affaiblissement où se trouve alors la constitution.

Les irritans irritent beaucoup plus sur un fond pauvre et maigre.

L'exaltation se refuse quand la nature est fatiguée. Les toniques sont alors bons pour faire passer une nourriture fraîche; purs, ils dessèchent, anéantissent et tuent jusqu'à la semence du rétablissement.

Sur une nature point fatiguée, mais faible, peu nourrie, libre et bien reposée, comme dans une convalescence, les exaltans produisent un grand effet et sont aussi extrêmement destructeurs.

La graisse et la substance en absorbent l'âcreté, en ralentissent l'activité sur une pléthore décidée et surtout inflammatoire; ils augmentent même l'incommodité du moment, s'ils n'ont assez de force pour se faire jour.

La quantité de sommeil précédent diminue l'effet des exaltans; le très peu ou point de sommeil l'annulle s'il y a grande lassitude; le peu, avec haleine et sans lassitude ou desséchement encore arrivés, en favorise extrêmement l'action; joints à un vent chaud, ils agitent, brûlent, raréfient le sang, pénètrent, ce semble, jusqu'à la moelle, et produisent par continuation un état très souffrant. La quantité outrée dissimule l'effet désiré, augmente le mal être et tous les maux.

§ x.

Suite.

L'usage des toniques exaltans tend à énerver; il mobilise les nerfs, il augmente la déperdition et produit un état inquiet et convulsif, d'abord spontané, ensuite simplement passif par extinction; il commence par mouvoir, par raréfier, aromatiser les fluides et finit par les appauvrir.

L'esprit en reçoit de la mobilité, de la finesse, une grande inégalité de disposition, la diminution de la force d'attention, et la disposition à l'enthousiasme.

Les personnes qui en usent beaucoup et qui en ont déjà éprouvé l'influence, ressentent souvent une alternative d'extinction et d'exaltation, une faiblesse d'estomac, suites d'une constitution énervée.

Les personnes qui en usent habituellement, dorment aussi bien et peut-être mieux après en avoir pris leur dose, apparemment parce qu'elle facilite dans l'espace ordinaire, la dépense de chaque journée en force et en sensibilité.

Celles qui n'en usent pas habituellement ou qui en ont été privées depuis quelque temps, ou celles seulement qui excèdent la quantité ordinaire, éprouvent plus ou moins d'agitation extraordinaire et de difficulté à s'endormir.

Les toniques augmentent momentanément les dispositions à la génération, mais à la longue, comme cela se conçoit, ils en diminuent la faculté.

§ XI.

Boisson hors des repas.

La boisson hors des repas est presque toujours nuisible. S'il y a une digestion entreprise, elle la trouble; si l'estomac est libre, elle le délave, le détend, et entraîne les sens digestifs à pure perte.

§ XII.

Des buveurs de vin.

Les buveurs de vin dont la physionnomie contracte dans l'ivresse les formes de l'exaltation et des caractères divers qu'elle imprime, en conservent encore les marques après la disparition de l'agent qui les produit.

§ XIII.

De la dose d'alimens.

J'ai souvent attendu des succès d'une quantité d'alimens volontairement accumulée, mais je ne les ai jamais obtenus.

La meilleure règle, en général, est de suivre l'appétit; si quelquefois il est bon de le suppléer, ce ne peut être que pour prendre des doses d'alimens médiocres.

Il est des tempéramens pour lesquels la dose de nourriture doit être très inégale; l'appétit est le vrai guide.

L'embarras des premières voies n'est qu'un des moindres inconvéniens de la surabondance d'alimens. Ajoutez la prostration, la fatigue, l'envieillissement des facultés, et puis tous les maux de la pléthore.

Mais manger moins que ne le veut la nature, c'est amoindrir toutes ses facultés. Il est ici, comme dans les toniques, dans l'exercice, un milieu à suivre.

La faiblesse ne supporte pas mieux la pléthore que le travail de la digestion, elle exige donc à plusieurs titres, les ménagemens de la sobriété.

§ XIV.

De la nutrition.

La plupart du temps on prend plus de nourriture qu'il ne faudrait.

Nul doute que l'homme, sans des réparations considérables, ne peut fournir à une déperdition forte ; mais la plupart des hommes, par la substance et la quantité de leurs alimens, admettent une masse de chyle qui, après avoir été mal élaborée dans les premières voies déjà chargées de résidus, surcharge les secondes, s'y élabore encore mal, produit une masse de secrétions excrémentielles, source de maux, surcharge les solides, produit ou la pléthore, ou, ce qui est pire, l'altération, la corruption des humeurs, ou une activité maladive qui empêche de profiter des forces fournies, ou tourne à mal leur dissipation.

Il faut que les fluides fournissent, mais il faut surtout que les solides les régissent, sans quoi ils ne fournissent plus, ils accablent.

Plus il y a de forces dans les solides et les fluides, moins on risque de l'influence des nouveaux sucs. Cependant, la quantité naturelle étant à son point, il se pourrait qu'on craignît de l'accroître, ou qu'elle ne pût l'être sans pléthore et abus; le premier cas dépend de divers rapports; le deuxième se prévient en n'obéissant qu'à l'appétit.

§ xv.

Du pain.

Le pain est très bon pour dégager l'estomac empâté par les graisses, sans le relâcher ni l'irriter.

Il est, comme on sait, dangereux s'il est frais et surtout pris avec excès, ou s'il est sans levain.

Le pain peu épuré, étant moins nourrissant, moins sanguin, moins échauffant, sera ordinairement préférable.

§ xvi.

Des grands repas.

Il faut se rappeler que dans un grand repas,

on s'expose moins aux abus de digestion par la quantité que par la qualité des alimens qu'on choisit.

Une cuillerée rance, trop grasse, ou aigre, gâte souvent seule la digestion de tout un repas.

§ XVII.

De l'appétit.

On a plus d'appétit et on fait meilleure digestion après un bon sommeil qu'après une insomnie ; de même, avec un peu de fraîcheur dans l'air, qu'avec une chaleur forte.

Le voisinage de la rivière m'a donné pendant ma captivité un appétit très soutenu et une inquiétude presque continuelle et souvent douloureuse dans les gencives. Ces dispositions augmentaient sensiblement lorsque le temps était humide.

§ XVIII.

Des remèdes.

Rien de plus propre à entretenir le mal et affaiblir la nature qu'une méthode de remèdes ou de régime curatif variée ou interrompue mal à propos.

CHAPITRE VI.

Hygiène de l'esprit.

§ ier.

Exercices propres à la méditation.

L'exercice pédestre ou plutôt la promenade à pied est très propre à la méditation. Il en est de même de la voiture; mais aucune position n'y est moins favorable que l'équitation; non seulement cet exercice engourdit les idées pendant qu'on y est, mais je crois qu'habituel et surtout violent il nuit autant à l'activité de l'esprit, qu'il peut ajouter à la force du corps.—Il remplit et raidit. —Il ne fait que rendre l'esprit libre, souple et mobile.

§ II.

Exercices doux.

En général, un exercice doux est, je pense, très favorable aux facultés de l'esprit, mais le repos absolu leur serait bien moins contraire qu'un fort exercice habituel.

§ III.

Température.

Un air tempéré est plus propre à la méditation que celui qui se fait sentir en froid ou en chaud. — Une chaleur violente en rend peut-être plus incapable qu'un froid violent.

Une chaleur douce, au contraire, s'y oppose moins qu'un froid médiocre. — Un froid modéré donne du ton, du nerf, de la netteté.

Au reste, il serait difficile de faire sur les effets de la température des observations un peu générales, ils dépendent beaucoup trop de différens accessoires et surtout des tempéramens ; les hommes à fibres raides sont développés par la chaleur, et les hommes à fibres lâches en sont absolument abattus.

§ IV.

Chaleur modérée qui succède au froid.

Une chaleur modérée, surtout si elle succède

au froid, donne de la fermentation, de la souplesse, du développement : ces deux causes produisent sur l'esprit une impression favorable.

§ v.

Du sommeil.

Quoiqu'un long sommeil engourdisse l'esprit pour le moment, et que souvent aussi l'insomnie accroisse momentanément les forces, je crois que le sommeil est en général la réparation la plus nécessaire aux hommes de cabinet, et qu'il serait bien plus facile de soutenir long-temps, avec fort peu de sommeil, un fort travail corporel qu'un fort travail d'esprit.

§ vi.

De la sobriété.

Les hommes qui mangent fort peu, ont les idées plus continuellement nettes, l'esprit plus habituellement prêt, et peuvent être très propres à un travail qui ne demande que de l'intelligence et de la finesse ; je ne sais s'ils seraient très propres à une longue et forte tension de tête.

§ VII.

Suite.

Mais pour l'énergie, la chaleur et la fécondité de l'imagination, j'ai presque toujours vu les hommes auxquels la nature l'a donnée, manger par habitude et par besoin assez copieusement. Et il est, en effet, peu de disposition à l'exercice de nos organes qui opère une plus grande déperdition.

§ VIII.

Du genre de nourriture.

Le genre de nourriture qui convient à l'esprit varie avec les individus, l'âge, les climats, les saisons; les observations dont ce sujet serait susceptible rempliraient un livre entier. En général, la belle fécondité de l'imagination est comme celle de la terre, elle veut des élémens chauds, gras et nerveux, mis en mouvement par une suffisante quantité d'eau.

Un principe de force active et de chaleur, travaillant sur un fonds riche, suffisamment gras et humide, produit en général cette belle fécondité.

§ IX.

Préjugé en amour contre les gens d'esprit.

Il y a un fort préjugé en amour contre les gens d'esprit, et les connaisseurs ne croient pas au tempérament des femmes qui ont la tête si vive, (principe qui serait bien plus généralement vrai des manières que de la tête); il y a, à l'un et à l'autre, beaucoup d'exceptions. Témoin pour les hommes, Gentil-Bernard, J.-J. Rousseau; en général, l'esprit tient à souplesse, à nerf mobile, à liberté d'action ; le reste, à raideur et à plénitude.

§ X.

De la modération dans les habitudes.

L'habitude en toutes choses demande certainement de la modération. La nature humaine ne s'accommode point du concours de deux forts exercices habituels ; les hommes qui font un vigoureux travail d'esprit sont à cet égard comme les danseurs, les gladiateurs; le moins est le mieux.

§ XI.

Usage modéré du plaisir.

Mais pour un travail d'esprit qui n'est ni violent, ni forcé, qui est plutôt l'effet d'une grande instruction et d'une grande perfection dans l'intelligence, que de la tension continuelle d'un esprit actif et créateur, non seulement l'usage modéré du plaisir n'y saura nuire, mais il servira à sa perfection et y apportera vérité, sagesse, clarté, calme, souplesse, maturité.

§ XII.

Utilité des jouissances.

A Homère, à Raphaël, à Corneille, à Voltaire, à Shakespeare, etc., il faut en ce genre un ordinaire presque nul, mais il leur faut aussi des jouissances qui entretiennent la chaleur des idées et qui font connaître toutes les situations de l'âme et des sens. Socrate, Théophraste, la Fontaine, Molière lui-même et Montaigne, auraient pu s'y livrer bien davantage, ou, du moins, plus habituellement.

§ XIII.

De la pléthore.

La pléthore raide et immobile, produit le plus haut degré de sottise.

La pléthore fermentante donne une certaine chaleur, une certaine énergie d'imagination.

§ XIV.

Fluides et solides.

Les facultés de l'entendement tiennent surtout aux solides, qui rendent les nerfs mobiles et les idées nettes et promptes.

Celles de l'imagination tiennent aux fluides.

Celles du sentiment à tous les deux.

§ XV.

De la plénitude.

Plus le genre de travail demande de promptitude, d'action et de liberté dans l'esprit, moins il souffre la plénitude; la lecture en comporte plus que le parler, et le parler plus que l'écriture. Pourvu que l'organe vocal soit libre, je trouve que le parler en public est une opération lente, qui supporte et même exige beaucoup de lest et d'aplomb, surtout si il est combiné avec un germe progressivement développé de mouvement et de chaleur. L'obstacle le plus commun dans un homme d'esprit à parler en public, c'est l'impatience, la précipitation et la faiblesse.

§ XVI.

Repas trop copieux.

Un souper trop copieux rend le travail difficile le matin, et un dîner trop copieux le rend impossible le soir. La qualité n'influe pas moins que la quantité, mais ce n'est pas ici le lieu de développer cela.

§ XVII.

Force, calme et liberté.

La nullité des idées résulte 1° de la liberté des organes, ainsi point de digestion pénible, point de douleur, d'inquiétude; 2° d'un suffisant degré de force et de ton; 3° de la fraîcheur qui donne du ton, du calme, loi de la libre transpiration.

Tout peut se réduire à ces trois choses, force, calme, liberté.

§ XVIII.

Netteté d'idées.

Cette grande et constante netteté des idées, est comme la facilité, qui n'existe presque jamais qu'aux dépens du génie.

§ XIX.

Variété des dispositions.

L'inégalité, l'engourdissement fréquent, l'inquiétude, la brûlante énergie, l'impatience, l'irritabilité, la variété des dispositions, sont les éléments d'un génie ou d'un talent sublime.

§ XX.

Abus des facultés.

Voyez un excellent cheval usé par une consommation de forces qui lui a ôté jusqu'au moyen de les réparer, son ardeur lui reste, mais sans vigueur; l'impatience qu'il ne peut satisfaire, achève de le consumer.

Tel est le génie qui a abusé de ses facultés sans les ménager et les nourrir. Fraîcheur, repos, nourriture, voilà, s'il est temps encore, le remède à son mal.

§ XXI.

De l'action forte et soutenue.

Dans un corps vigoureux, une action forte et soutenue, accompagnée de bonnes réparations, peut durer sans relâchement un certain nombre d'années ; elle abrège seulement la durée de la vigueur et de la vie, c'est une sorte d'éréthisme qui accumule sur un certain espace de temps des forces que la nature avait destinées à s'écouler avec moins d'abondance et plus de lenteur.

§ XXII.

Travail de tête.

Il en est de même du travail de tête, mais il abrège peut-être moins la vie qu'aucun autre excès ; il est facile de concevoir que l'abus dépend moins de la continuité que de la nature du travail ; une tragédie de Shakespeare a dû user ses organes, autant que la moitié des œuvres de Voltaire.

§ XXIII.

Influence des organes.

Voici maintenant quelle peut être l'influence des organes.

I.

Le nerf uni à un certain degré d'humide sans chaleur, forme les métaphysiciens, ainsi Locke, Newton, Condorcet.... Il produit la force d'attention, la netteté, la froideur.

II.

Le nerf uni à la chaleur sans humide, donne l'exaltation de tête sans sensibilité ; elle est assez difficile à mettre en mouvement, mais très énergique dans son action ; c'est le génie arabe et espagnol. Corneille et Montesquieu tiennent beaucoup de cette nature.

III.

Le nerf, la chaleur et l'humide, lorsque chacun est dans sa juste proportion, donnent la combinaison des facultés de l'entendement, de l'imagination et du sentiment; c'est le génie d'Homère, de Virgile, de Shakespeare ; c'est une organisation très propre à la poésie et aux beaux-arts, qui se trouve en Italie et en Grèce, peut-être plus qu'en aucun autre pays de la terre.

IV.

Le nerf sans humide ni chaleur sensible, produit raideur, froideur, bon sens sans finesse.

FIN DU TOME TROISIÈME.

TABLE DES MATIÈRES.

ÉTUDES SUR L'HOMME.

PREMIÈRE PARTIE.
DE L'HOMME MORAL.

	Pages.
CHAP. Ier.— Vues générales. — § 1er. Des sciences morales chez les anciens et les modernes.	1
§ II.— Des erreurs des hommes et des peuples	2
§ III.— De l'Instinct	4
§ IV.— De l'Instinct et de la raison.	ib.
§ V.— De la recherche de la vérité	7
§ VI.— Sur le même sujet	8
§ VII.— Suite	9
§ VIII.— Le droit et le fait	10
§ IX.— Jalousie et réciprocité entre les hommes.	13
§ X.— Constitution morale de l'homme et de la femme.	14
§ XI.— De l'homme dans ses divers âges	15
§ XII.— De la jeunesse	16
§ XIII.— Des enfans	18
§ XIV.— Maximes puisées dans la connaissance de l'homme	19
CHAP. II.— Facultés de l'Ame et de l'Esprit.— § 1er.— De la raison..	28
§ II.— De l'attention	30
§ III.— Des fautes d'attention	31
§ IV.— De la méditation.	ib.
§ V.— De la force d'âme	32
§ VI.— De ceux qui découragent les grandes âmes	ib.

	Pages.
§ VII.— De la réaction morale.	33
§ VIII.— Suite	35
§ IX.— Des émotions morales	36
§ X.— De l'esprit philosophique	37
§ XI.— De la saine et de la demi-philosophie.	38
§ XII.— De l'esprit philosophique et de l'esprit poétique	ib.
§ XIII.— Des idées spéculatives.	41
§ XIV.— Des esprits spéculatifs.	42
§ XV.— Du scepticisme.	ib.
§ XVI.— Suite.	43
§ XVII.— De l'exclusif.	44
§ XVIII.— Du caractère	46
§ XIX.— De l'intelligence	52
§ XX.— Ce qui fait l'homme supérieur	54
§ XXI.— Manière de voir différente de l'homme pensant et de l'homme sensible.	56
§ XXII.— De la divination de l'avenir.	ib.
§ XXIII.— De l'imagination et du caractère dans l'homme physique et moral.	57
§ XXIV.— Du génie	61
§ XXVI.— De l'influence du travail sur le génie et le talent	64
§ XXVII.— De la tension d'esprit.	65
§ XXVIII.— De l'universalité.	66
§ XXIX.— De l'esprit.	67
§ XXX.— Suite	ib.
§ XXXI. L'homme d'esprit	68
§ XXXII.— Des grands esprits.	69
§ XXXIII.— Du prix que le praticien et l'homme d'esprit donnent quelquefois aux idées communes.	71
§ XXXIV.— Du peu d'accord entre l'esprit de détail et la grandeur	ib.
§ XXXV.— Des esprits bornés	72

§ XXXVI.— Caractère des petits esprits 73
§ XXXVII.— Défaut des petits et des grands esprits. 74
§ XXXVIII.— De l'homme vulgaire. . . . . . ib.
§ XXXIX.— De l'imagination 75
§ XL.— Des idées 78
§ XLI.— De l'exaltation 79
§ XLII.— De l'enthousiasme. 80
§ XLIII.— Inconvéniens de l'enthousiasme. . . ib.
§ XLIV.— Du sentiment. 81
§ XLV.— De la mémoire. 82
§ XLVI.— De la finesse. 83
§ XLVII.— Du goût 85
§ XLVIII.— Suite 85
CHAP. III. — Faiblesses et vices de l'ame.—
§ Ier.— Des passions 91
§ II.— De l'amour-propre. 92
§ III.— De la vanité 93
§ IV.— Du faux orgueil . . . . ib.
§ V.— De l'ambition 94
§ VI.— De la faiblesse. 95
§ VII.— Franchise et hypocrisie 96
§ VIII.— De la ruse 97
§ IX.— Du charlatanisme . . . . ib.
§ X.— Du menteur 99
§ XI.— De l'affectation . . . . ib.
§ XII.— De la pruderie. 101
§ XIII.— De la fausseté . . . . ib.
§ XIV.— De la tromperie. 102
§ XV.— De la méfiance 103
§ XVI.— De l'égoïsme. . . . . ib.
§ XVII.— De la jalousie 104
§ XVIII.— De la renonciation à l'estime de soi-même 105
§ XIX.— Vices naturels aux personnages chétifs. ib.

§ xx.— Du mal. 106
§ xxi.— Des hommes méchans . . . . ib.
§ xxii.— Suite. 108
§ xxiii.— De la calomnie 109
§ xxiv.— Des crimes 110
Chap. IV. — Affections de l'âme et de l'esprit.—
§ Ier.— Des désirs 111
§ ii.— Mobilité. 112
§ iii.— Des habitudes 113
§ iv.— Sentiment de la liberté 114
§ v.— De la paresse 116
§ vi.— De l'ennui. . . . . ib.
§ vii.— Suite 117
§ viii.— Du remords et du repentir. 118
§ ix.— De la froideur. 119
§ x.— Des fantaisies . . . . ib.
§ xi.— De l'épicuréisme. . . . . ib.
§ xii.— De l'espérance et de l'inquiétude . . . 120
§ xiii.— De l'admiration 121
Chap. V. — De l'observation. § Ier.— Science de l'observation et du raisonnement. 122
§ ii.— Des observations propres et transmises . 128
§ iii.— Comment l'observation rend habile . . 129
§ iv.— De l'observation trop minutieuse . . . 130
§ v.— Des préventions 131
§ vi.— Suite . . . . ib.
§ vii.— Des préjugés. 132
§ viii.— De l'erreur . . . . ib.
§ ix.— De la vérité . . . . ib.
§ x.— De la réalité 133
§ xi.— De la moralité des choses . . . . . ib.
§ xii.— Du bien et du mal 134
§ xiii.— De l'extraordinaire. . . . . . . ib.
§ xiv.— De la curiosité 135
§ xv.—Des jugemens selon le degré d'instruction. ib.

		Pages.
§ xvi. — De l'imitation		136
§ xvii. — Suite		137
§ xviii. — Du monde		ib.
§ xix. — Des gens du monde		138
§ xx. — Différence d'être entre les peuples et les personnes		139
§ xxi — Empire et progrès de la raison en France		140
Chap. VI. — Des jugemens à notre égard. § 1er. — De l'opinion qu'on prend de nous		143
§ ii. — Suite		144
§ iii. — Des jugemens du public		145
§ iv. — Des effets de la réputation		ib.
§ v. — De la renommée		146
Chap. VII. — De l'aptitude aux affaires. — § 1er. Talent du conseil		149
§ ii. — De l'ascendant dans les affaires publiques		151
§ iii. — Manière d'exister dans les affaires		152
§ iv. — De deux espèces d'hommes dans les affaires		153
§ v. — Usage des hommes dans les affaires		155
§ vi. — Des fripons dans les affaires		156
§ vii. — Des Praticiens		159
§ viii. — De l'esprit de chicane		160
§ ix. — Des gens de lettres et des savans en place		161
Chap. VIII. — Des ridicules. — § 1er. Des ridicules proprement dits		162
§ ii. — Suite		163
§ iii. — Des caprices		164
§ iv. — Du petit-maître		ib.
§ v. — Le méchant par air		165
§ vi. — Du fat		167
§ vii. — Du frondeur		169
§ viii. — De la pédanterie		ib.

Chap. IX.— Règles et esprit de conduite. — § 1er. Des maximes de conduite 170
§ ii.— De la sociabilité . . . . ib.
§ iii.— De l'observation de soi-même. 171
§ iv.— Du discernement. 172
§ v.— Ce qui fait aimer et estimer . . . . . ib.
§ vi.— Du respect des hommes 174
§ vii.— De la justice . . . . ib.
§ viii.— Suite 175
§ ix. — Du devoir . . . . ib.
§ x.— De l'honnêteté. 176
§ xi.— De l'honnête homme . . . . ib.
§ xii.— De la délicatesse. 177
§ xiii.— Avantage de la vertu. . . . . . . ib.
§ xiv.— De l'estime pour les autres . . . . ib.
§ xv.— Des titres à la considération. . . . 178
§ xvi.— De la vraie gloire . . . . ib.
§ xvii.— De l'exemple 179
§ xviii.— Du naturel. . . . . ib.
§ xix.— Des dispositions naturelles 180
§ xx.— De l'oubli de soi-même. 181
§ xxi.— De l'insouciance . . . . ib.
§ xxii.— Suite 182
§ xxiii.— De la modération dans les jouissances. 183
§ xxiv.— Du dédain des choses de la vie . . . 184
§ xxv.— Du choix dans une situation . . . . ib.
§ xxvi.— Des avantages qu'on apporte dans le monde. 185
§ xxvii.— Manière d'être dans le monde . . . ib.
§ xxviii.— De l'art d'être dans le monde . . . 188
§ xxix.— De celui qui vit en lui-même. . . . 189
§ xxx.— Eviter d'humilier les autres 190
§ xxxi.— Du savoir-faire . . . . ib.
§ xxxii.— De l'économie 191
§ xxxiii.— Du tact . . . . ib.

TABLE DES MATIÈRES.

	Pages.
§ XXXIV. — De l'art de maîtriser ses émotions . .	192
§ XXXV. — Conduite à tenir dans certains cas. .	193
§ XXXVI. — Conduite de l'homme selon qu'il est placé	ib.
§ XXXVII. — De l'ardeur de réussir.	194
§ XXXVIII. — Conditions pour réussir.	ib.
§ XXXIX. — De la méfiance de soi-même. . . .	ib.
§ XL. — De la timidité.	195
§ XLI. — De la modestie.	197
§ XLII. — De l'opinion de soi-même.	198
§ XLIII. — Des encouragemens.	ib.
§ XLIV. — De l'assurance.	199
§ XLV. — Suite.	ib.
§ XLVI. — De la feinte.	201
§ XLVII. — Conduite envers les hommes. . . .	ib.
§ XLVIII. — De l'originalité.	203
§ XLIX. — Suite.	ib.
§ L. — De la singularité.	204
§ LI. — De l'indépendance	206
§ LII. — De l'expérience.	ib.
§ LIII. — Du sage par nature ou par expérience.	ib.
§ LIV. — Ce qui doit être moins compté que pesé.	208
§ LV. — Règle de conduite de l'homme supérieur.	ib.
§ LVI. — De la complaisance et de la bonté poussées trop loin.	211
§ LVII. — Savoir tirer parti des torts qu'on a envers nous.	ib.
§ LVIII. — De l'aveu de ses fautes.	212
§ LIX. — Du ressentiment d'un tort réel. . . .	213
§ LX. — De l'utilité de ne pas se laisser pénétrer.	214
§ LXI. — Inconvénient de confier ses secrets. . .	217
§ LXII. — Inconvénient de parler trop ou trop peu	218
§ LXIII. — Du sujet dont on parle	219
§ LXIV. — Du langage d'action.	220
§ LXV. — Des aperçus divers.	ib.

	Pages.
§ LXVI.— Des choses qui donnent de l'autorité au caractère.	221
§ LXVII.— Avoir une volonté.	223
§ LXVIII.— De la persévérance à soutenir son opinion.	224
§ LXIX.— De l'avantage à profiter des évènemens.	ib.
§ LXX.— De l'occasion.	225
§ LXXI. — Des précautions.	ib.
§ LXXII.— Se défendre des petits moyens.	226
§ LXXIII.— De la séduction du sentiment.	ib.
§ LXXIV.— De ce qu'on peut se permettre.	ib.
§ LXXV.— De la plaisanterie.	227
§ LXXVI.— Suite.	232
§ LXXVII.— Les grands traits dispensent des petits.	ib.
§ LXXVIII.— De la louange.	233
§ LXXIX.— De la louange et du blâme.	ib.
§ LXXX.— De l'importance qu'on met aux choses.	ib.
§ LXXXI. Du soin des petites choses.	235
§ LXXXII.— Des avantages qu'on se donne.	ib.
§ LXXXIII.— Du doute.	ib.
§ LXXXIV.— Des dons et de leurs effets.	236
§ LXXXV.— Des refus.	237
§ LXXXVI.— De la crainte d'être dupe.	ib.
§ LXXXVII.— De la timidité dans les dépenses.	ib.
§ LXXXVIII.— Des amis.	238
§ LXXXIX.— De la lutte contre le faible.	239
§ XC.— Conduite envers les inférieurs et les serviteurs.	240
§ XCI.— De la familiarité et de l'insulte envers les inférieurs.	241
§ XCII.— Des domestiques.	ib.
§ XCIII.— Comment les serviteurs s'honorent de leurs maîtres.	242
§ XCIV.— Des choses frivoles.	244

		Pages.
§ xcv. — De l'amour du plaisir.	245
§ xcvi. — De l'amusement et du plaisir.	247
§ xcvii. — Du jeu.	248
§ xcviii. — Des formes.	249
§ xcix. — Du ton.	250
§ c. — Du moyen d'être à la mode.	251
§ ci. — Du soin de sa personne.	252
§ cii. — De la bonne ou mauvaise foi dans les marchés.	ib.
§ ciii. — Amusemens de l'homme honnête.	253
§ civ. — Matière d'un sermon de morale	255
Chap. X. — Des femmes. — § — 1er. De leur intelligence.	257
§ ii. — Mauvaise éducation qu'on donne aux femmes.	259
§ iii. — Quelques nuances du caractère de la femme.	260
§ iv. — Cause de susceptibilité chez quelques femmes.	262
§ v. — De l'amour chez la femme.	263
§ vi. — De la coquetterie.	ib.
§ vii. — Du sentiment religieux chez les femmes.	264
§ viii. — De la finesse.	265
§ ix. — De l'éloignement des femmes pour les hommes sans caractère.	ib.
§ x. — De la pruderie	266
§ xi. — De la jeune fille.	267
§ xii. — Du commerce des femmes.	268
§ xiii. — Suite.	269
Chap. XI. — Sujets divers. — § 1er. — Du peuple.	270
§ ii. — De la multitude.	ib.
§ iii. — Des Français.	ib.
§ iv. — Quelques aperçus sur la marche de l'opinion en France.	271
§ v. — Influence des mœurs anglaises sur les nôtres.	272

§ vi.— De la séparation des diverses classes de la société. 274
§ vii.— Des expatriations. 275
§ viii.— Du luxe. 276
§ ix.— De l'élégance. 278
§ x.— De la loi. . . . . ib.
§ xi.— De la vérité. 279
§ xii.—De la liberté. . . . . ib.
§ xiii.— Effet des gr. .des qualités. . . . . . ib.
§ xiv. Des dettes. 280
§ xv.— Du commerce des sots. . . . . . . ib.

SECONDE PARTIE.

Avertissement 281

DE L'HOMME PHYSIQUE.

Chap. Ier.— Dispositions physiques.— § i^{er}.— Différens modes de la nature humaine. 283
§ ii.— Dispositions physiques proprement dites. 287
§ iii.— Sur l'usage et le ménagement des forces. 288
§ iv.— Force vitale, chaleur interne. 293
§ v.— Du relâchement et de la tension des organes. 298
§ vi.— De l'engourdissement et du développement des organes. 300
§ vii.— Du relâchement et de l'élasticité. . . . 303
§ viii.— De la disposition sanguine. 304
§ ix.— Remarques physionomiques. 306
§ x.— De la durée de la vie. 310
Chap. II.— Des sens et des organes. — § i^{er}.— Des sens. 312
§ ii.— De l'organe vocal. 314
§ iii.— De la vue. 320

	Pages.
§ IV. — De l'estomac	320
CHAP. III. — Activité et repos. — § 1er. — De l'exaltation .	322
§ II. — De la vivacité.	323
§ III. — De l'exercice.	324
§ IV. — De l'échauffement.	325
§ V. — De l'inquiétude.	ib.
§ VI. — Délassement des travaux moraux. . .	326
§ VII. — Du repos	327
§ VIII. — Suite.	328
§ IX. — Du repos sous le point de vue philosophique.	ib.
§ X. — Du sommeil.	331
§ XI. — Suite.	ib.
§ XII. — Du coucher	333
CHAP. IV. — Influences de l'atmosphère. — § 1er. — De l'influence de l'atmosphère sur le corps humain	335
§ II. — De l'influence de l'atmosphère, à raison des différences de lieux.	336
§ III. — Effets de la chaleur sur le corps humain.	337
§ IV. — De la transpiration.	340
§ V. — Suite.	341
§ VI. — De l'humidité.	342
CHAP. V. — De l'influence des alimens et des boissons. — § 1er. — De l'influence des alimens sur le physique et le moral de l'homme	343
§ II. — De l'eau.	347
§ III. — Des boissons chaudes	348
§ IV. — De l'usage du café et de son influence. .	ib.
§ V. — Suite.	354
§ VI. — Du thé.	355
§ VII. — Du chocolat	356
§ VIII. — Du lait.	357
§ IX. — De l'usage des toniques	ib.
§ X. — Suite.	360
§ XI. — Boisson hors des repas.	361

	Pages.
§ xii. — Des buveurs de vin.	361
§ xiii. — De la dose d'alimens.	362
§ xiv. — De la nutrition.	363
§ xv. — Du pain.	364
§ xvi. — Des grands repas	ib.
§ xvii. — De l'appétit.	365
§ xviii. — Des remèdes.	ib.
Chap. VI. — Hygiène de l'esprit. — § 1er. — Exercices propres à la méditation.	366
§ ii. — Exercices doux	ib.
§ iii. — Température.	367
§ iv. — Chaleur modérée qui succède au froid.	ib.
§ v. — Du sommeil.	368
§ vi. — De la sobriété.	ib.
§ vii. — Suite	369
§ viii. — Du genre de nourriture.	ib.
§ ix. — Préjugé ou amour contre les gens d'esprit	370
§ x. — De la modération dans les habitudes.	371
§ xi. — Usage modéré du plaisir.	ib.
§ xii. — Utilité des jouissances.	372
§ xiii. — De la pléthore.	373
§ xiv. — Fluides et solides.	ib.
§ xv. — De la plénitude.	ib.
§ xvi. — Repas trop copieux.	374
§ xvii. — Force, calme et liberté.	ib.
§ xviii. — Netteté d'idées.	375
§ xix. — Variété des dispositions	ib.
§ xx. — Abus des facultés.	376
§ xxi. — De l'action forte et soutenue.	ib.
§ xxii. — Travail de tête.	377
§ xxiii. — Influence des organes	ib.

FIN DE LA TABLE DU TOME TROISIÈME

www.ingramcontent.com/pod-product-compliance
Lightning Source LLC
Chambersburg PA
CBHW050429170426
43201CB00008B/601